青学駅伝チームのスーパーストレッチ&バランスボールトレーニング

THE TRAINING METHOD OF AOGAKU EKIDEN TEAM

原晋 著／中野ジェームズ修一 著

徳間書店

青トレ
青学駅伝チームのスーパーストレッチ&
バランスボールトレーニング
青山学院
青山学院
青山学院
青山学院

CONTENTS

青山学院

青山学院大学陸上競技部　監督
原　晋
×
フィジカルトレーナー
中野ジェームズ修一

勝利してなお基本の徹底

――大学長距離界をはじめ、この1～2年でだいぶフィジカルトレーニングやケアが浸透してきている気がしますが、どのように感じていますか？

中野　ある合宿地で、某実業団の選手が棒を使ってコアトレーニングをしているのを目にしました。真似されて悔しいという思いよりも、むしろその逆でうれしく思いましたね。

原　我々も隠すつもりはないし、これがスタンダードになってくれればいいなと思っています。それが陸上競技界の発展にもつながりますからね。

――取り組むチームが増えてきても「青山学院大学はここが違う！」と言い切れるところはありますか？

中野　本当に運動生理学の基本的なことを徹底させていることですね。ストレッチにしても、アイシングにしても、トレーナーが最初に習う当たり前のことですが。

原　これは自慢できることですが、各競技会で最後まで残っているのは、だいたいうちの選手なんですよ。他のチームが引き上げても、クールダウンやアイシングをきちっとしています。

　また、他を見ていると、準備体操と整理体操とでまったく同じことをやっているチームがまだまだ多いように思います。動的ストレッチと静的ストレッチの本来の効果・目的をちゃんと理解していないのかもしれません。プロフェッショナルなチームでもそうなんです。

　それに、そもそも準備に時間をかけていません。これは走る以前の問題で、競技のベースになる部分ですから、そこが変わっていかないと、長距離界の発展はないと思うのです。

治療をしない状況作りが重要

――レースやハードな練習のあと、青学

の選手がアイシングをしっかりしている光景が印象的ですが、何も知らない人が見たらケガをしたのかな……と勘違いしてしまいそうです。

中野　そうなんですよね。捻挫や肉離れなどのケガをしたときはもちろんなのですが、疲労回復やケガ予防のためにも練習やレース後にアイシングをしているんですけどね。「アイシングをしていたら、ケガをしていると思われてメンバーから外される要因になりませんか?」と聞かれたこともありました。でも、原監督はそうは思いませんよね?

原　そんなことは全然思わない。

中野　逆に、アイシングをしていないほうが「お前は大丈夫か?」と不安になりそうなものです。

原　物事の捉え方ですよね。これまでの長距離界、とくに我々が現役の頃なんかは、ケアの概念自体がありませんでした。結果、ケガをしてようやく気づくという具合です。

中野　結局は治療をしない状況を作ることが重要なのです。ケガをしてからでは、治すための時間もお金も余計にかかりますから。いかにケガをしない体を作るかが大事になります。

原　何かあったときに初めて対応しようというのでは遅い、ということですね。でも、それが今までの考え方だったんですよ。我々は、走りの効率化を求めて筋肉をどう動かしていくか、筋肉の損傷をどう防いでいくか、という発想で、中野さんとタイアップして進めていますが。

監督の話よりもアイシングが優先

——そもそも長距離種目でパフォーマンスを発揮するのに、ケアはどの程度、大事なのでしょうか?

中野　よく選手に話をするのは、どんなに良い練習をしても、また、それでパフォーマンスが上がったとしても、疲労が残っていたら、試合で力を発揮できないよ、ということです。むしろ、疲労があることによって、パフォーマンスが前よりも下がってしまうことだってありえます。パフォーマンスを出せる状況を作らなければいけません。そのためには疲労を抜くことが大切なんです。

練習でだって、疲労が溜まっていると、予定していた練習をこなせないことがあります。それに、疲労が蓄積しているのにもかかわらず、なんとか粘ってその日のメニューをこなそうとして、ケガをしてしまいます。

前の日にやった練習の疲労をゼロにして、毎日ゼロの状態でスタートラインに立てれば、自ずと自身のパフォーマンスを毎回出せるような状況ができてきます。一方、疲労をリセットできずマイナスの状態からスタートしていると、日を重ねるごとにマイナス1、2、3……と負が積み重なってしまいます。毎日ゼロにするには、時間も労力もかけなければなりませんが、必要なことだと思います。

原　そうなんですよね。ケアはやらないと絶対に強くならない。駅伝で勝つためには当然、トレーニングはハードになります。

ですが、何かあったときにトレーニングの質・量を落とすという発想ではいけない。質・量をキープしつつも、力を発揮するためにやるべきことがあるんです。それがケアの部分。練習の質・量が上がれば、その分、ケアの時間も増やすべきだと思います。

それに、正しいケアの方法を知る必要もある。それは餅は餅屋で、フィジカルの専門家から話を聞かないといけないんですよ。以前に比べると、ずいぶんケガ人も減りましたよ。常に2割3割は故障者がいたのが、最近は1割未満になってきています。なかなかゼロにはならないんですが。

——では、ケガをしやすい選手とケガをしにくい選手とでは、どんなところに差

があるのでしょうか？

中野　それには、生まれ持った体の強さ──骨だったり腱だったりの強さというのも関係してきますよね。あとは、学生だと長距離ランナーとしての経験がまだそんなにないので、これだけ練習をすると故障してしまうというさじ加減がわかっていないというのもある。

実際に1年生にケガ人が多いので。そのリミットがどこかわかってくると、ケガも減ってきます。

ただ、トップアスリートを見ていると、ケアをとても重視している選手は感覚も研ぎ澄まされているように思うんですよ。この痛みは故障の前兆かもしれないというのが、比較的早い段階でわかるんです。そういう場合、いっしょに監督に話をして、1週間は練習量を落とすなど対応してもらうようにしています。

原　根拠のあるものには柔軟に対応していますよ。でも、あえて無理をさせるタイミングも実はあるんです。

たとえば、1年生が入ってきたときは、慎重に腹八分目に抑える方法もあるし、あえて120％、練習過多を課すこともあります。どちらが正しいというのはないのですが、キャパオーバーになって、自分の体に気がつくということもあるんです。それをどう次に生かせるか、が大事ですね。それがケアへの意識にもつながってきますからね。

ただ、ケガという意味では、スポーツ障害だけでなく、不慮の事故や捻挫にも気をつけなければなりません。

中野　捻挫は靭帯の損傷ですからね。靭帯は血管が通っていないため、修復材料が運ばれてこないので、治りにくいんです。シビアにならないといけませんし、捻挫しにくい体を作っていかなければいけませんね。

原　肉離れもそうですけど、捻挫も肉離れもケガした直後が大切ですから。あとの祭りになる前に冷やす。

中野　監督の話を聞くよりもアイシングが優先（笑）。1秒でも速く。

原　以前は、捻挫をしても、ダウンジョグしている選手がいましたからね。とんでもないことでした。

やるべきことをしっかりとやる

──アイシングと同様に、青山学院大の選手が、レース後にゼリー飲料を口にしている場面もよく見ます。

中野　人間の体は、何か1つの栄養素が極端に減ると、防衛反応が働きます。したがって、その栄養素が体内に入ってきたときに、少しでも多く吸収して貯め込もうというメカニズムがあるんです。

長距離の場合、筋肉や肝臓に貯蔵されていたグリコーゲンという栄養分をエネルギー源として使います。とくに試合になると、緊張もするし、追い込んで走るので、走り終えたときにはグリコーゲンが枯渇した状態になっています。そんな状態で、グリコーゲンの素となる糖質をとることで、グリコーゲンの貯蔵量が高まります。

つまりは、エネルギータンクを大きくするということになるのです。

原　実は今、ブルボンさんと提携して新しく商品開発をしているところです。

我々はやるべきことをしっかりとやっているから、強いんだと思います。

──青山学院大には、1500mからマラソンまでと幅広く活躍している選手がいますが、それぞれ種目に応じてフィジカルトレーニングで変えていることはありますか。

中野　トレーニングのメニューを考えるときは、フルマラソンをも視野に入れ、20km以上を狙えることを目的にメニューを立てています。

──走練習に関しては、一色恭志選手らは、箱根駅伝が終わってから東京マラソンの準備をしたということでしたが。箱根駅伝の練習がマラソンのベースにも

なっていたのでしょうか？

原　〝マラソントレーニング＝40㎞走×何本〟というのが常識のようになっていますが、それは勝手に誰かが言っているだけであって、正解はないと思うんです。選手の能力や絶対的な体力などを鑑みながらトレーニングメニューを考えていかなければいけないのに、今までのマラソントレーニングは、40㎞走をやらなければスタートラインに立ってはいけないというのが先に来ていた。だから、マラソンに挑戦しようという若い選手がなかなかいなかったんだと思います。

うちの場合は、年間スケジュールの中で段階的に目標を管理して計画を立てています。

春は5000mのベースアップ。これをマラソントレーニングに当てはめるなら、1㎞3分ペースの余裕度を上げていく意味があります。そのベースが、夏合宿を経て、出雲駅伝で10㎞仕様に、全日本大学駅伝で10マイル（約16㎞）仕様に、箱根駅伝で23㎞仕様にと、段階的に上がっていくんですね。箱根駅伝は、23㎞仕様ですが、だいたい30㎞にも対応できる仕掛けはできています。となると、残りの12・195㎞をどう組み立てていくか。マラソンを目指す選手にとっては、それが箱根後のマラソントレーニングになってきます。

そもそも、学生たちにはいきなり2時間一桁台の高いレベルのタイムを求めません。あとは、スタミナの部分、ゆったりめのペースでいいので、脚作りをしていけば、十分に対応できると思います。

それに、私くらいの年齢にもなって徹夜をすると、1週間くらい尾を引いてしまいますが、一般の大学生には、徹夜で麻雀をして次の日もピンピンの人が多いでしょう。

学生には若さゆえの絶対的な体力も備わっている、というのが私の持論です。実際、若い選手は疲労回復がとても早いから、トレーニングを積むことができるんですよ。

中野　本当にそうです。いろいろなアスリートを見て感じるのは、30代、40代にもなると、疲労回復のスピードが遅いんですよね。同じメニューをこなしたとしても、20代だったらもっと回復が早いんです。

実業団に進んで競技を続けるとなると、年も重ねていくわけですから、なかなか若い頃と同じようにはトレーニングができません。ですから、疲労の対処がより重要になってきます。その基盤を学生のうちに作っておくと、大きなメリットになりますよね。

誰が指導しても勝ち続ける組織作り

原　中野さんに来ていただいたときに、私からお願いしたのは、答えをみずから探せるような教え方をしてくださいということでした。

就任当初から、監督がいるときにだけ、選手がまじめに練習をしているというような組織にだけはしたくないと思っていました。誰が指導者であろうと勝ち続ける組織作りをしていこうという思いで、13年間取り組んできたのです。それが今日、手前味噌ながら、きちっとした形になってきたという印象があります。

中野　ある選手が、レース前に横っ腹が痛いと言い始めたことがありました。実は、その答え（対処法）を教えるのはとても簡単なことです。

でも、その前に、自分たちで調べる〝虎の巻〟を渡していますから「虎の巻に書いてあるでしょ」と言いました。「そういえば、書いてありましたね」と自分で対処していましたが、こうやって、どうすればいいのか、自分で調べる体制がもっと充実してくると、もっともっとチームは強くなれると思います。

この本も、その〝虎の巻〟のようなものだと思います。

青トレとは？

青トレとは、原晋監督が指揮する青山学院大学体育会陸上競技部（長距離ブロック）が、フィジカルトレーナーの中野ジェームズ修一氏の指導のもと取り組んでいるトレーニングの総称です。前作では、コアトレーニング、動的ストレッチ、静的ストレッチを中心に、ランナーのための体作りに必要なメソッドを紹介しました。本作のメインコンテンツは以下の通りです。

❶ メインテーマは**疲労回復**です。回復を早めるために非常に有効な**33のリカバリーメソッド**を紹介しています。具体的には、静的ストレッチに様々なバリエーションが加わった**スーパーストレッチ**、骨盤と腰椎を動かせるようになることで、腰の負担を軽減する**バランスボールトレーニング**、疲労回復にダイレクトに効く**セルフマッサージ**、ケガの予防、ケガの悪化を防ぐ**アイシング**、また疲労回復に有効な**食事と水分補給**のやり方を、中野氏がくわしく解説しています。

❷ 原晋監督が、青学駅伝チームを常勝チームに育て上げるうえで非常に重要なメソッドとなった**目標管理シートの活用方法**を明かしています。**選手たちの実例**も掲載しつつ、読者のみなさんが使用できるように、**青トレオリジナル目標管理シート**もついています。

❸ 青学の**選手たちの素顔**や、**普段の生活**に迫った青学の衣食住。あの伝説を作った選手2人の**OBインタビュー**も掲載しています。是非、お気に入りの選手の意外な素顔や生活ぶりをチェックしてみてください。

本書の特徴と活用方法

書籍とDVDとの連動

『青トレ』本書を読むことで、トレーニングのポイントを、よりよく頭で理解することができます。また、DVD動画を観ることで、動きの細部を把握することが可能です。

本が開きやすい

本書は、読者のみなさんがページを開いたままトレーニングができるように、本の判型を幅広にして開きやすくなっています。また、開いた状態を保つために背表紙に強化ノリ（PUR）を使用しました。

選手といっしょにできるDVD

今季は４年生として名実ともに真のエースである**一色恭志選手**をはじめ、**安藤悠哉主将**、3年生の**下田裕太選手**、**田村和希選手**といった人気と実力を兼ねそなえた選手たちといっしょに、中野トレーナーが厳選したトレーニングとメソッドを学ぶことができます。

より深く、掘り下げたい人は

本書のイベント情報や、青学駅伝チームの結果などを、Twitter「青トレ 公式アカウント」にて随時更新していきます。帯についている応募券を使ったプレゼント企画も予定していますので、ぜひ、「青トレ 公式アカウント」を検索してみてください。

戦略的にリカバリーする

練習そのものと比較すると、リカバリーがクローズアップされることはあまりありません。一般のランナーの方や、陸上部で練習している学生の方たちも、月間の走行距離といった練習量は決めていても、リカバリーのメニューをしっかり組んでいるという人は、多くはないはずです。しかし、**理論に基づき戦略的にリカバリーを行う**ことはとても大切なことです。

ハードな練習をした場合、翌日までにどれだけリカバリーできるか。基本的には**練習をする前の状態までコンディションを戻す**ことが目標です。100%の状態まで戻せれば、同じ質で練習をし続けることができ、ケガのリスクも抑えられます。リカバリーが不十分だと翌日は80%、その次の日は80%の80%、といった具合に練習の質が落ち、練習を頑張っているのに競技レベルが上がらないという悪循環に陥ってしまいます。

本書で紹介している、**スーパーストレッチ**、**セルフマッサージ**、**アイシング**、**食事と水分補給**を駆使して、練習後のリカバリーを心掛けてください。1つ1つの効果は大きなものではなくても、その**積み重ねがパフォーマンスの違いを生み出す**ものなのです。

パフォーマンスとリカバリー

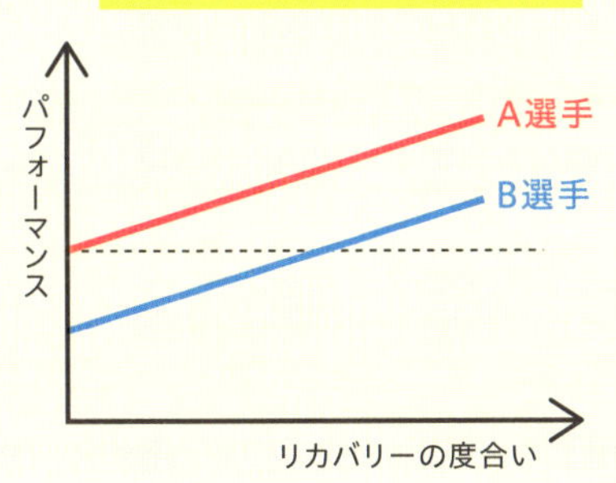

リカバリーの度合いはパフォーマンスそのものにも影響します。A選手のほうがB選手よりも強くても、B選手のほうがリカバリーされていれば勝てる可能性が出てきます。そして、普段から強いと思われているA選手も、リカバリーを十分にすればもっと好成績になる可能性があるのです。

ストレッチは定期的かつ継続的に

ランニングに限らず、筋肉を使って体を動かすということは筋肉の収縮をともなっています。この**縮まった筋肉を伸長させることが静的ストレッチの目的**です。

柔軟性がある体というのは、筋肉自体が柔らかくよく伸びると考えている人がいるかもしれません。しかし、これは勘違いで、**柔軟性に必要なのは筋肉の長さ**です。

では、どのようにして筋肉を長くすればいいのでしょうか。筋肉は**筋線維**という線維状の細胞の集合体です。筋線維は、**筋原線維**で構成され、筋原線維は、**サルコメア（筋節）**からできています。このサルコメアが柔軟性のカギを握っています。**ストレッチを定期的かつ継続的に行うとサルコメアの数が増える**と考えられていて、**増えた分だけ筋原線維が長くなり、関節可動域が広がって柔軟性が高まる**のです。

やり方にもポイントがあります。柔軟な体になりたいと思ってストレッチを始めた人に多い間違いが、強く痛みを感じるところまで無理矢理伸ばしてしまうことです。限界を超えたところまで伸ばしたほうが、柔軟性が増すと考えがちですが、これは逆効果です。筋線維には**筋紡錘**という筋肉の長さを感知するセンサーがついています。筋肉

筋線維
筋原線維
サルコメア（筋節）
筋紡錘

〈イメージ図〉

が震えるまで強く伸ばしたり、急速に伸ばそうとしたりすると筋紡錘が危険を察知し、脳から〝縮みなさい〟という指令が出ます。指令が出ている状態＝ロックがかかっている状態でいくらストレッチをしても、筋線維は収縮してしまって伸びません。

少々の痛みがありながらも気持ちいいと感じているレベル、いわゆる**〝痛気持ちいい〟ところまでゆっくり伸ばして30秒以上伸ばす**というのが、ストレッチのポイントになります。筋紡錘によるロックがかかっていない状態でいきましょう。

運動後には縮まった筋肉を伸張させる必要がある、柔軟性を上げるためにはサルコメアの数を増やし、筋原線維を長くする、ストレッチは**定期的かつ継続的に行う**ことで効果が出る、ということをぜひ覚えてください。

本書では**スーパーストレッチ**として、1つの部位に対して**多くのバリエーション**を紹介しています。自身の柔軟性に合わせて、適切なものを選びながら、根気よく続けていただければと思います。

ちなみに運動後や入浴後に柔軟性がアップするのは、血流が良くなり**筋膜**の柔軟性が一時的に高まったからです。サルコメアの数が増えたわけではありません。

P17
CHAPTER 1

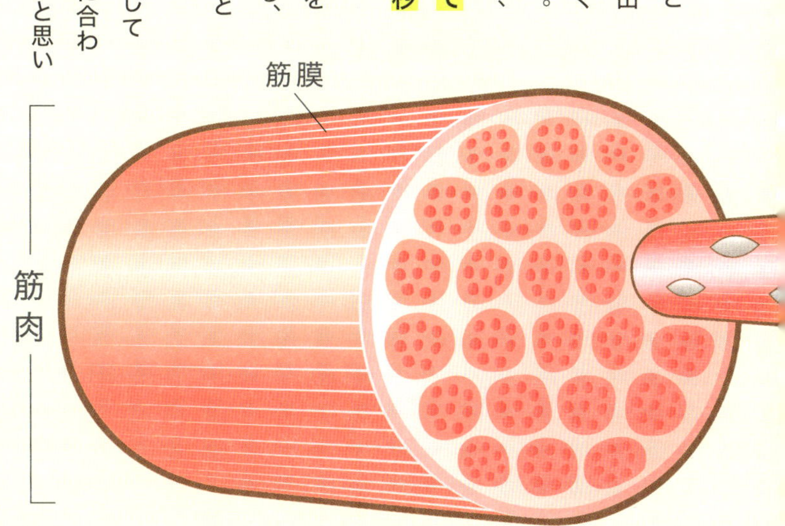

バランスボールで骨盤と腰椎を使える体に

ランニングをしているとき、着地のインパクトをしっかりと吸収することはとても大切なことです。**着地のインパクトを一番最初に吸収するのは足の裏**です。そして足首を曲げ、膝を曲げ、最後に股関節を曲げてインパクトを和らげています。しかし走行距離が長くなる、スピードが速くなる、練習期間が長くなると、これだけでは吸収しきれなくなります。

そこで**重要になるのが骨盤と腰椎**です。**骨盤は2つの腸骨と仙骨という3つの骨で構成**されています。この3つの骨と、腰椎はそれぞれ可動性があり、地面からインパクトを受けた際に**小さく動いてその衝撃を吸収し、腰への負担を減らしてくれる**のです。

骨盤、腰椎を動かすためには、骨盤周辺の筋肉もしっかりと使えるようになる必要があります。そのために効果的なのが、**バランスボール**を使ったエクササイズです。立位の状態でも骨盤や腰椎を動かすことは可能ですが、支点となる地面から距離があるため大きく動かすのは難しいのです。バランスボールに座れば、そこを支点にした状態でのエクササイズができ、骨盤と腰椎を動かすための筋肉をしっかりとほぐし、使うことができます。これから走ろうとするときに、骨盤周辺の準備が整っていると、**体のポジションが変わり、着地のインパクトを吸収**できます。

ぜひ、準備運動としてバランスボールも取り入れてみてください。

初めのうちは、バランスボールのエクササイズ自体が正しく行えず、そ

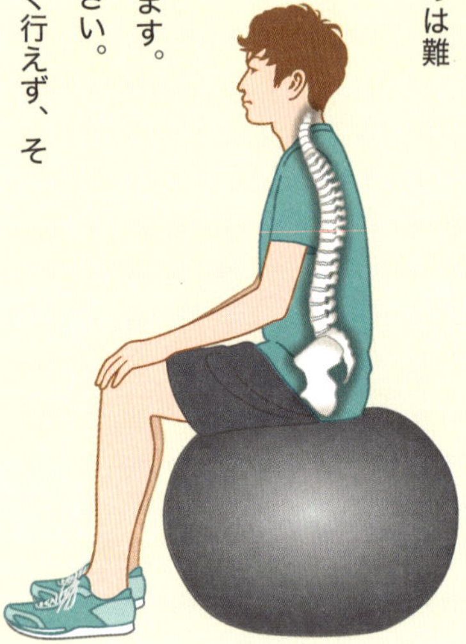

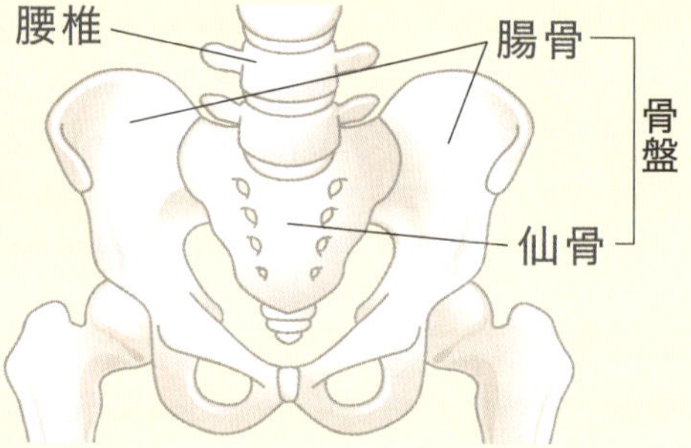

腰椎
腸骨
骨盤
仙骨

の効果をなかなか感じられないかもしれません。ですが、継続して行うことで骨盤周辺の筋肉を動かすことがうまくなり、効果を感じられるようになるはずです。また、毎回の準備運動に関しても目安の回数は設定していますが、ほぐれるまでには当然、個人差があります。自分で**骨盤周辺が良く動くと感じられるまで**、続けるようにしてください。

P45 CHAPTER 2

セルフマッサージでリカバリー

マッサージと聞くと、トレーナーにやってもらうもの、専門家に頼むものというイメージがあるかもしれません。

しかし、青学ではまずは自分で**セルフマッサージ**を行うことを推奨しています。疲労がどの程度あるのか、筋肉にどの程度、張りや痛みを感じているのかというのは、**自分自身が一番わかっている**からです。

本書で紹介しているマッサージを、どの程度の圧力で、どのくらいの長さですべきかを考えながら行ってみてください。またセルフマッサージはそれ単体ではなく、**ストレッチと組み合わせて行う**ようにしましょう。

マッサージ単体では、血流や乳酸除去を阻害するという報告もあります。ストレッチも単体では効果は高くありません。**クールダウン、アイシング、ストレッチ、セルフマッサージを組み合わせて**行い、体をリカバリーさせましょう。

P73 CHAPTER 3

違和感を感じたらすぐにアイシング

ケガを予防する、ケガを少しでも悪化させないために、**アイシング**をすることが大切です。青学では、少しでも違和感や痛みを感じたら、ただちにアイシングをすることを徹底しています。練習が終わってから、寮や宿舎に戻ってからでは遅いのです。

P90からくわしく紹介していますが、**RICE（ライス）処置**と呼ばれる方法で、正しくアイシングを行ってください。冷却剤などを患部にのせて、冷たさが我慢できなくなったら外してしまうような冷やし方では効果が期待できません。

重要なのは**運動を中止して安静にする**こと、**冷却して血管を収縮させる**こと、**患部の周囲の組織や血管を適度に圧迫する**こと、そして**患部を心臓よりも高い位置に上げる**ことです。

これを**どれだけ早く行うかで、ケガが治癒するまでの時間が大きく違ってきます**。部活動などを行う場合は常に練習場所に氷を準備し、違和感を感じたらすぐにアイシングをすることを心掛けてください。

P89
CHAPTER 4

Let's AOTORE !!

CHAPTER 1

SUPER STRETCH

スーパーストレッチ

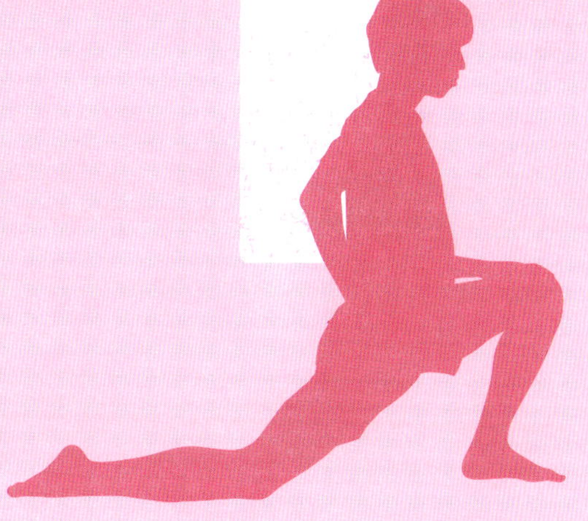

1 大腿四頭筋

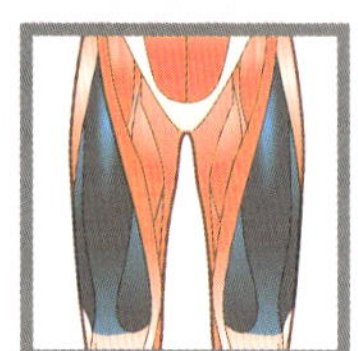

前面

腰を押し出して上体を捻る

あぐらをかいた姿勢からスタート。片方の脚を崩して、同じ側の手で足の甲をつかみます。逆側の手は床についてバランスを取りましょう。つかんだ足を臀部のほうに引きつつ、息を吐きながら上体は床についた手の方向に捻ります。視線も上体を捻った方向に向けましょう。片脚が終わったら、もう一方の脚も同様に行いましょう。

バリエーション

横になってもできる

30秒キープ

横を向いて寝た姿勢からスタート。下にある手は頭の下に置き、下の脚は膝を軽く曲げてリラックスさせておきます。上の手で、上側の足の甲をつかみ、臀部に向かって引き上げます。逆側の脚も同様に。

捻りを加えて伸ばす

30秒キープ

うつ伏せで寝た姿勢からスタート。片方の膝を曲げて、逆側の手でその足の甲をつかみます。難しければ一度同じ側の手でつかんでから渡しましょう。腰のあたりから捻るようにして、伸ばします。逆側の脚も同様に。

2 ハムストリングス

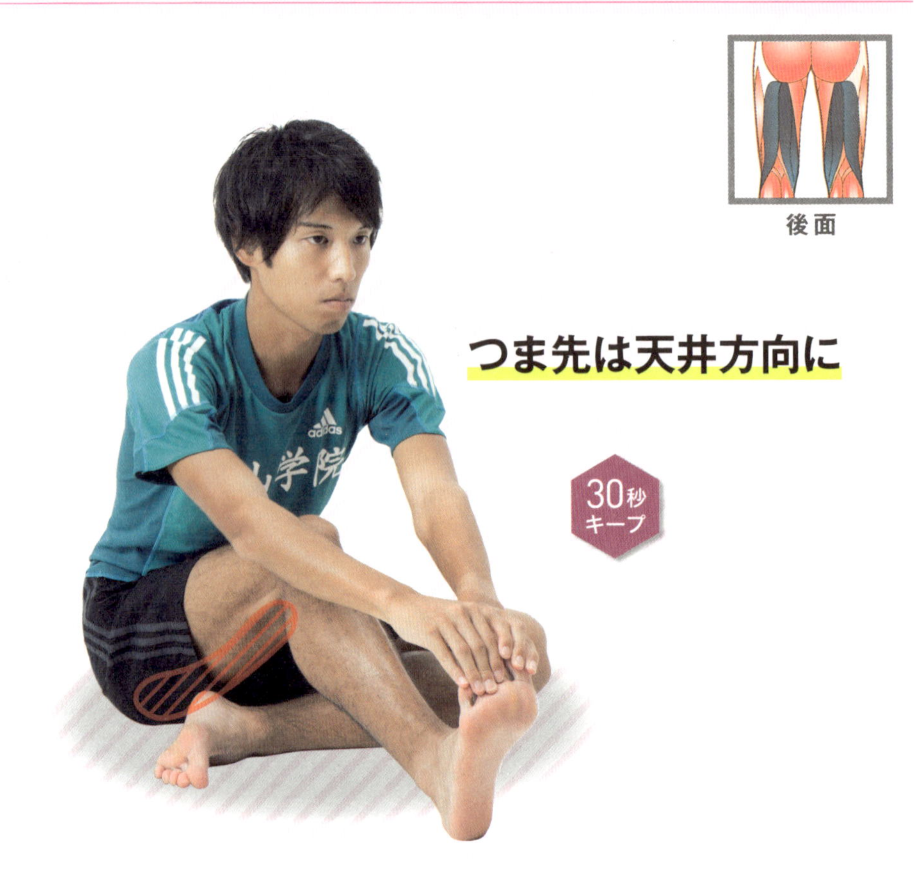

あぐらをかいた姿勢からスタート。片方の脚を前に出し、逆側の脚は膝を曲げて前に出した脚の下に置きます。前に出した脚の膝は完全に伸ばさずに、少し曲げておくのがポイントです。両手で前に出した脚のつま先をつかみ、息を吐きながら上体を倒していき、へそを太ももに近づけます。片脚が終わったら、もう一方の脚も同様に行いましょう。

バリエーション

タオルを使ってさらに伸ばす

各30秒キープ

外側
（半腱様筋・半膜様筋）

内側
（大腿二頭筋）

仰向けで寝た姿勢からスタート。タオルの中央部を片方の足の裏にあて、両端を手で持ちます（タオルは長さがあるものがいいでしょう。ストレッチバンドがあればそちらを使いましょう）。膝があまり曲がらないようにしながら、可能なところまで脚を持ち上げます。続けて、片手にタオルを持ちかえて、つま先を内側、外側に向けて伸ばします。逆側の脚も同様に。

イスを使って高さを作る

30秒キープ

直立の姿勢から、片方の脚を前に出し、イスの上に置いてスタート。つま先を上げます。両手を前に出した脚の太ももに置き、へそを太ももに近づけるようにして伸ばします。逆側の脚も同様に。

体重を利用して伸ばす

30秒キープ

膝立ちの姿勢からスタート。片方の脚を大きく前に出し、つま先を上げます。前に出した脚の膝は曲げた状態です。両手を床につき、へそを太ももに近づけるようにして伸ばします。逆側の脚も同様に。

立ち姿勢でストレッチ

30秒キープ

直立の姿勢から、片方の脚を少し前に出し、つま先を上げてスタート。膝を伸ばしすぎず、少しゆるめておくのがポイントです。両手を前に出した脚の太ももに置き、背筋を伸ばしたまま、腰を落とし、臀部を後ろに引きます。逆側の脚も同様に。

3 腸腰筋

前面
腰を落として
後ろの脚を伸ばす
30秒
キープ

直立の姿勢から、片方の脚を前に出し、前後に大きく開いてスタート。後ろの脚の膝を地面につき、腰を手で前に突き出すようにして伸ばします。上体が前に倒れないようにしっかりおこしておきます。片脚が終わったら、もう一方の脚も同様に行いましょう。

バリエーション

捻りを加えてもうひと伸び

30秒キープ

右ページの姿勢からスタート。後ろにある脚側の腕を上に伸ばし、後ろの脚側の股関節を前に突き出すようなイメージで、息を吐きながら体を反対側に捻ります。逆側の脚も同様に。

安定した姿勢で伸ばす

30秒キープ

イスの座面に片方の脚だけがのるようにしながら、逆側の脚を後ろに引き、腰を落としてスタート。手でイスの背もたれをつかむなどしてバランスを取りましょう。逆側の脚も同様に。

壁を使って簡単ストレッチ

30秒キープ

壁を横にして直立した姿勢からスタート。壁に近いほうの手を壁につき、もう片方の手は腰に。片脚を前に出して、後ろにある脚側の股関節を前に突き出すようなイメージで伸ばす。逆側の脚も同様に。

4 大臀筋（だいでん）

あぐらをかいた姿勢からスタート。片方の脚を前に出し、脛をクッションの上にのせます（2つ重ねたくらいの厚みが望ましい）。一度、背筋、腰を伸ばして姿勢を正しましょう。息を吐きながら上半身を腰から前に倒します。片脚が終わったら、もう一方の脚も同様に行いましょう。

バリエーション

背筋が曲がらないように注意

30秒キープ

あぐらをかいた姿勢からスタート。片方の脚を両腕で抱えて、脛が床と平行になるようなイメージで持ち上げます。ふくらはぎを胸に引き寄せるように近づけます。逆側の脚も同様に。

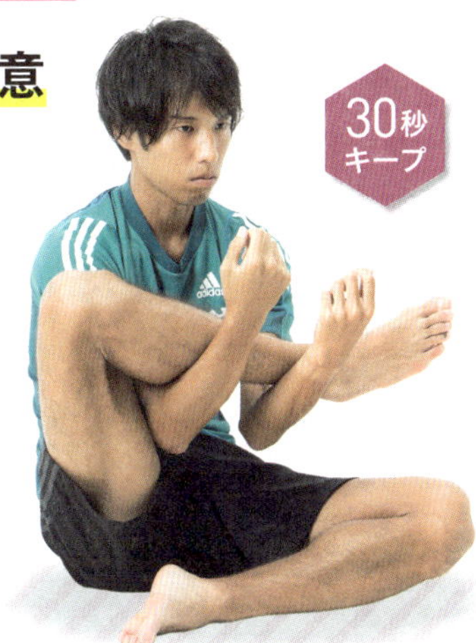

腰を床に沈めるように

30秒キープ

膝立ちの姿勢からスタート。片方の脚を前に出しながら、両手を床につきます。踏み出した脚の膝から下を逆側の手のほうに流します。後ろの脚はできるだけ後方に伸ばしましょう。息を吐きながら上体を前に倒します。逆側の脚も同様に。

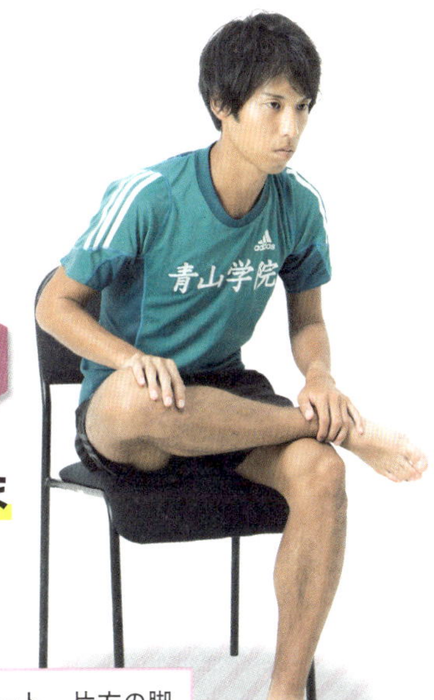

30秒キープ

イスに座ったままできる

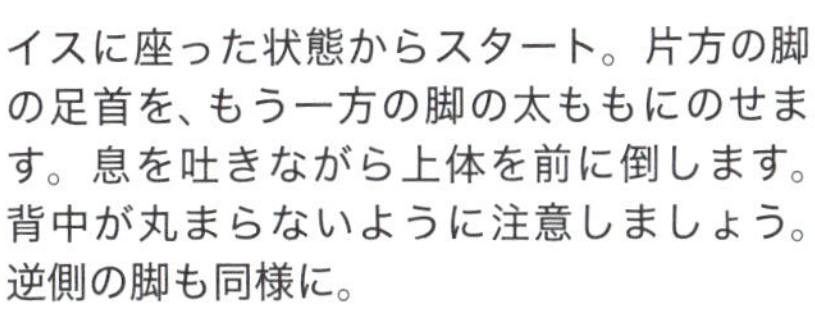

イスに座った状態からスタート。片方の脚の足首を、もう一方の脚の太ももにのせます。息を吐きながら上体を前に倒します。背中が丸まらないように注意しましょう。逆側の脚も同様に。

5 中臀筋・大腿筋膜張筋

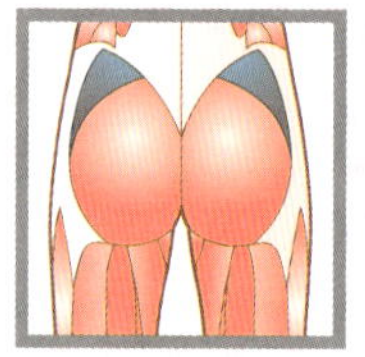

後面

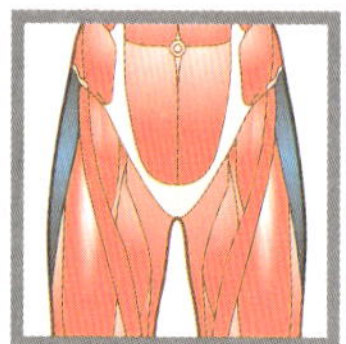

前面

30秒
キープ

45°

大腿骨の角度が
45度くらいなら中臀筋

仰向けで寝た姿勢からスタート。両手を左右に開きます。片方の脚の足首を、もう一方の脚の太ももにのせます。腰から下を捻り、足首がのったほうの脚の膝を床に向かって倒します。このとき、大腿骨の角度を45度程度にすると中臀筋が伸びます。片脚が終わったら、もう一方の脚も同様に行いましょう。

20°

大腿骨の角度が
20度くらいなら大腿筋膜張筋

大腿骨の角度を20度程度にすると大腿筋膜張筋をストレッチできます。膝を倒すときは、足首をのせた脚の重さを利用するといいでしょう。片脚が終わったら、もう一方の脚も同様に行いましょう。

バリエーション

45度くらいで中臀筋

仰向けで寝た姿勢からスタート。腰に回したストレッチバンドを片方の足の裏にかけます。膝を曲げながら、反対の脚の方向に倒します。上体が起きないように注意しましょう。このとき、大腿骨の角度を45度程度にすると中臀筋が伸びます。逆側の脚も同様に。

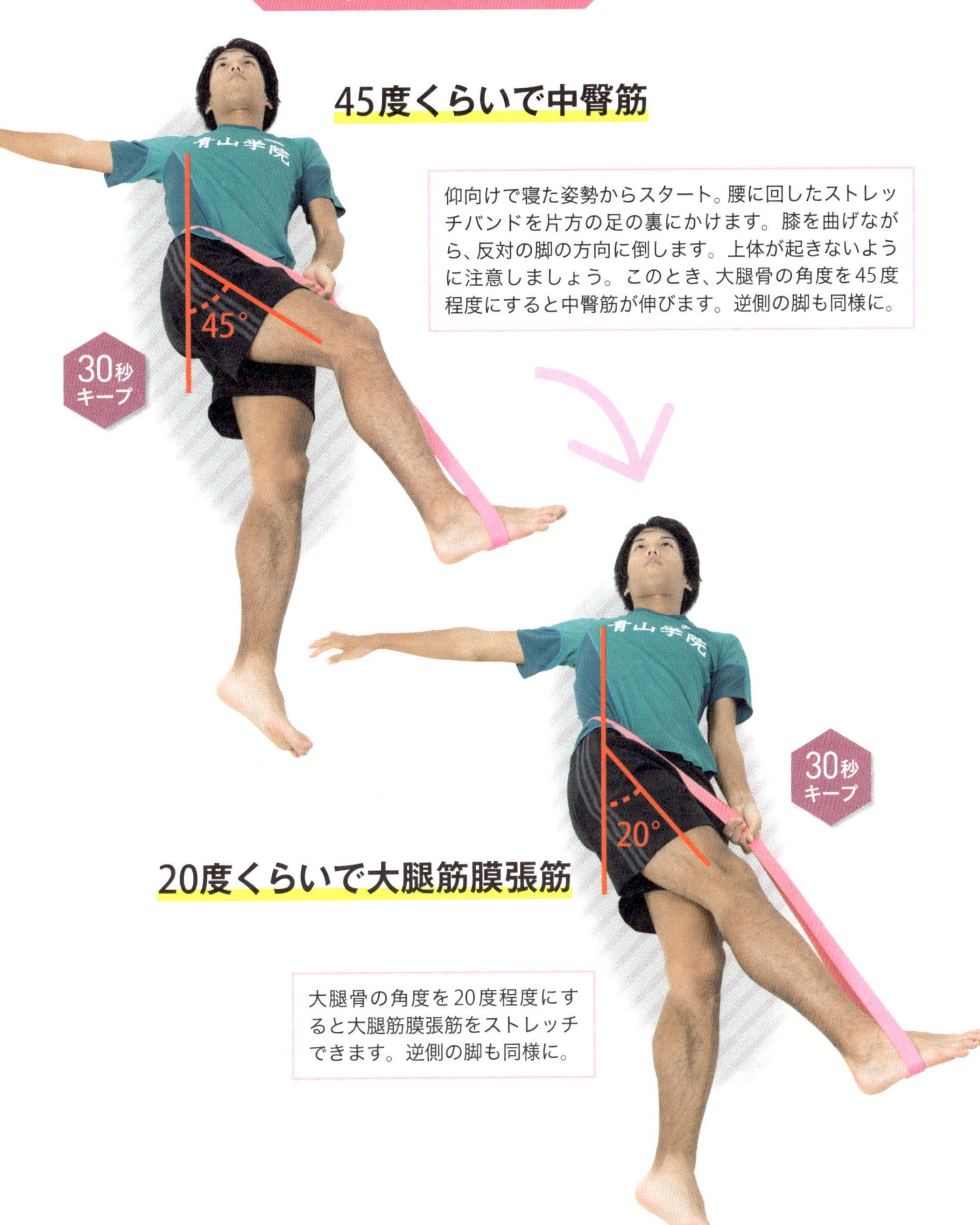

20度くらいで大腿筋膜張筋

大腿骨の角度を20度程度にすると大腿筋膜張筋をストレッチできます。逆側の脚も同様に。

6 内転筋群

内ももを床に押しつけるように

あぐらをかいた姿勢からスタート。片方の脚を横に伸ばします。両手は床についてバランスを取ります。息を吐きながら上体を前方に倒します。背中が丸まらないように注意。片脚が終わったら、もう一方の脚も同様に行いましょう。

ストレッチポールを活用

あぐらをかいた姿勢からスタート。片方の脚を横に伸ばしてストレッチポールの上に置きます。上体を倒しながら、ストレッチポールを少し外側へ転がします。逆側の脚も同様に。

バリエーション

一般的な内転筋群ストレッチ

30秒キープ

あぐらをかいて、両足裏を合わせます。背筋を伸ばし、骨盤を立たせます。息を吐きながら上体を前方に倒します。

クッションで高さをつける

30秒キープ

あぐらをかいた姿勢からスタート。片方の脚を横に伸ばしてクッションの上に置きます（2つ重ねたくらいの厚みが望ましい）。息を吐きながら上体を前方に倒します。逆側の脚も同様に。

タオルを使ってさらにストレッチ

30秒キープ

仰向けで寝た姿勢からスタート。片方の脚を引き寄せて、足裏にタオルをかけます。タオルの端を同じ側の手で持ち、腕を引いて内転筋群を伸ばします。逆側の脚も同様に。

イスを使って伸ばす

30秒キープ

イスに座った姿勢からスタート。片方の脚を外側に向かって伸ばします。もう一方の脚の太ももに手をのせ、上体をその方向に捻ります。息を吐きながら上体を前に少し倒します。逆側の脚も同様に。

7 腓腹筋（ひふく）

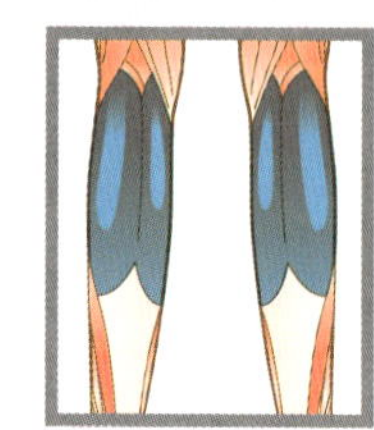
後面

内側

30秒キープ

3方向にストレッチ

仰向けで寝た姿勢からスタート。片方の脚を引き寄せて、足裏にストレッチバンド（タオルでも可）をかけます。ストレッチバンドの端を両手で持ち、脚を上半身に近づけます。片脚が終わったら、もう一方の脚も同様に行いましょう。左右の手で引く力を調整して足の角度を変えることで、内側、外側の腓腹筋をさらに伸ばすことができます。

バリエーション

30秒キープ

腰は高い位置でキープ

膝立ちの姿勢からスタート。両手を地面につき、腰を高く上げます。脚の裏側全体に伸びを感じるところまで手を前に進めます。片方の脚を上げ、もう一方の脚は膝を伸ばしかかとをしっかり床につけます。逆側の脚も同様に。

外側

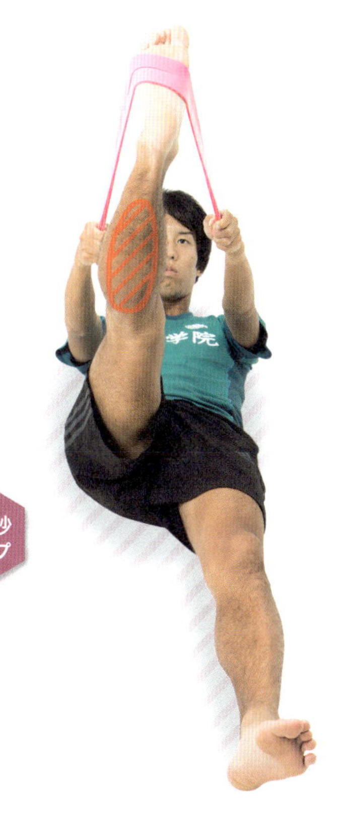

壁を使ってストレッチ

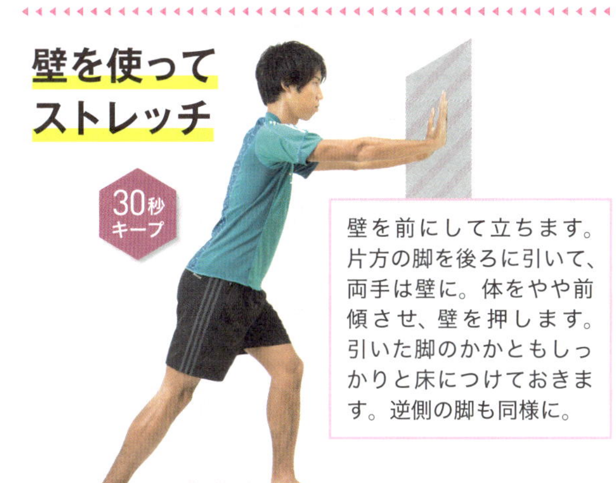

壁を前にして立ちます。片方の脚を後ろに引いて、両手は壁に。体をやや前傾させ、壁を押します。引いた脚のかかともしっかりと床につけておきます。逆側の脚も同様に。

段差を活用して伸ばす

直立の姿勢からスタート。片方の脚を少し前に出し、辞書や電話帳などの上につま先をのせます。かかとは床につけたまま。逆側の脚も同様に。

30秒
キープ

8 長腓骨筋（ちょうひこつ）

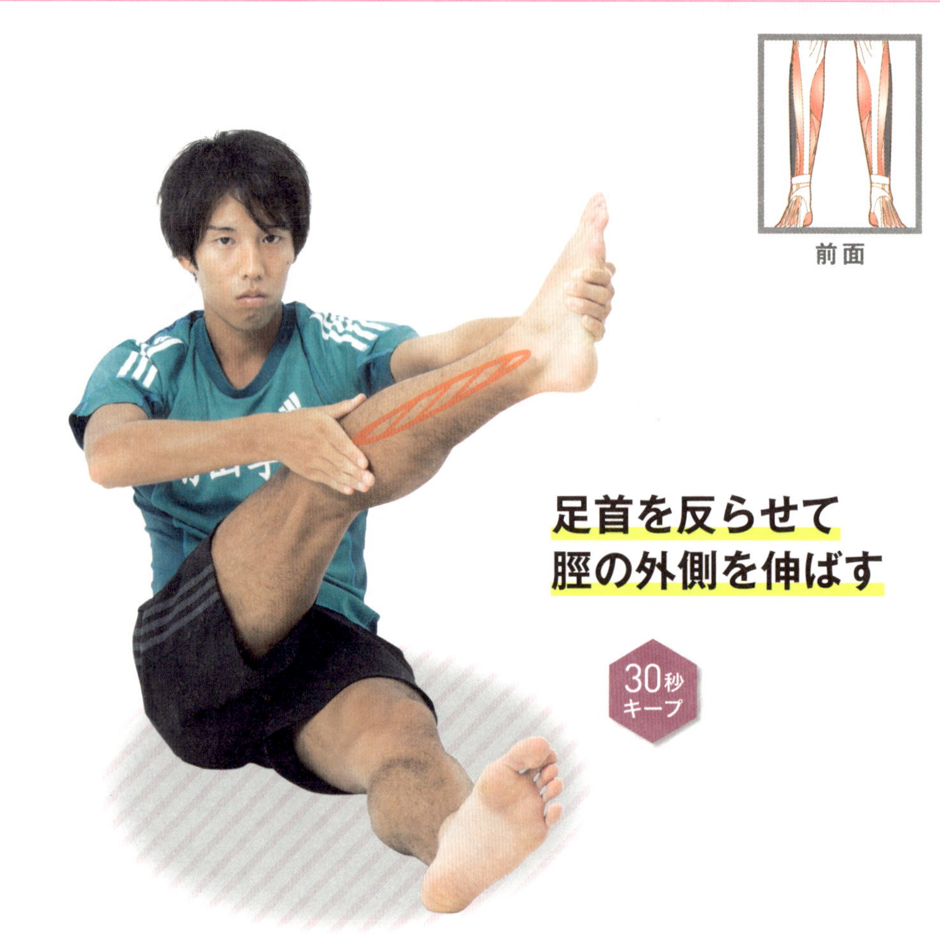

**足首を反らせて
脛の外側を伸ばす**

脚を伸ばして座った姿勢からスタート。片方の脚を胸に引き寄せ、足の裏面を反対側の手でつかみます。足首を反らせるのがポイント。もう一方の手で脚を支えてホールドします。引き寄せた脚を少し体の内側に向かって動かします。片脚が終わったら、もう一方の脚も同様に行いましょう。

バリエーション

イスに座ったまま伸ばす

30秒キープ

イスに浅く座った姿勢からスタート。片方の脚のつま先を地面にあて、脛の外側を伸ばします。逆側の脚も同様に。

壁を活用してストレッチ

30秒キープ

壁を前にして立ちます。両手を壁にあてます。片方の脚を少し後ろに移動させながらつま先を床にあて、脛の外側を伸ばします。逆側の脚も同様に。

9 ヒラメ筋

正座の姿勢からスタート。片方の脚の膝を立てます。息を吐きながら上体を前に倒し、胸で膝を押し、足首の角度を鋭角にしていきます。両手は体の前につきます。かかとが浮かないように注意。片脚が終わったら、もう一方の脚も同様に行いましょう。

バリエーション

イスで高さを作る

イスを前にして立ちます。片方の脚を前に出し、座面に足指の付け根あたりまでをのせます。両手でイスの背もたれを持ってバランスを取りましょう。息を吐きながら、イスにのせた足に体重がかかるように後ろの脚の膝を曲げます。逆側の脚も同様に。

※イスが倒れないように壁などにイスをあてて行いましょう。

30秒キープ

立ったままで簡単に

30秒キープ

直立の姿勢からスタート。片脚を前に出して、両膝を曲げます。後ろの足のかかとが浮かないように注意。少し腰を落として、後ろの脚に体重を乗せます。逆側の脚も同様に。

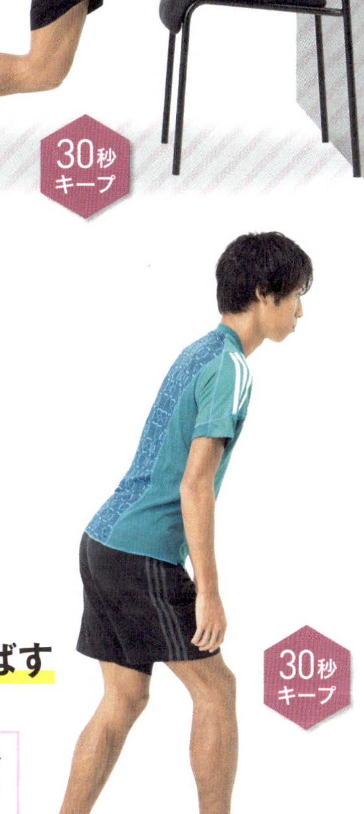

段差を活用して伸ばす

30秒キープ

直立の姿勢からスタート。片方の脚を少し前に出し、辞書や電話帳などの上につま先をのせます。両膝を曲げ、前に出した脚に体重を乗せます。かかとが浮かないように注意。逆側の脚も同様に。

10 前脛骨筋（ぜんけいこつ）

前面
足首が伸びたところでキープ
30秒キープ

正座の姿勢からスタート。片方の脚の膝を、同じ側の手でつかんで軽く持ち上げます。逆側の手は床についてバランスを取りましょう。硬い地面の上だとやりづらいストレッチなので、マットなど柔らかいものを敷いて行うといいでしょう。片脚が終わったら、もう一方の脚も同様に行いましょう。

バリエーション

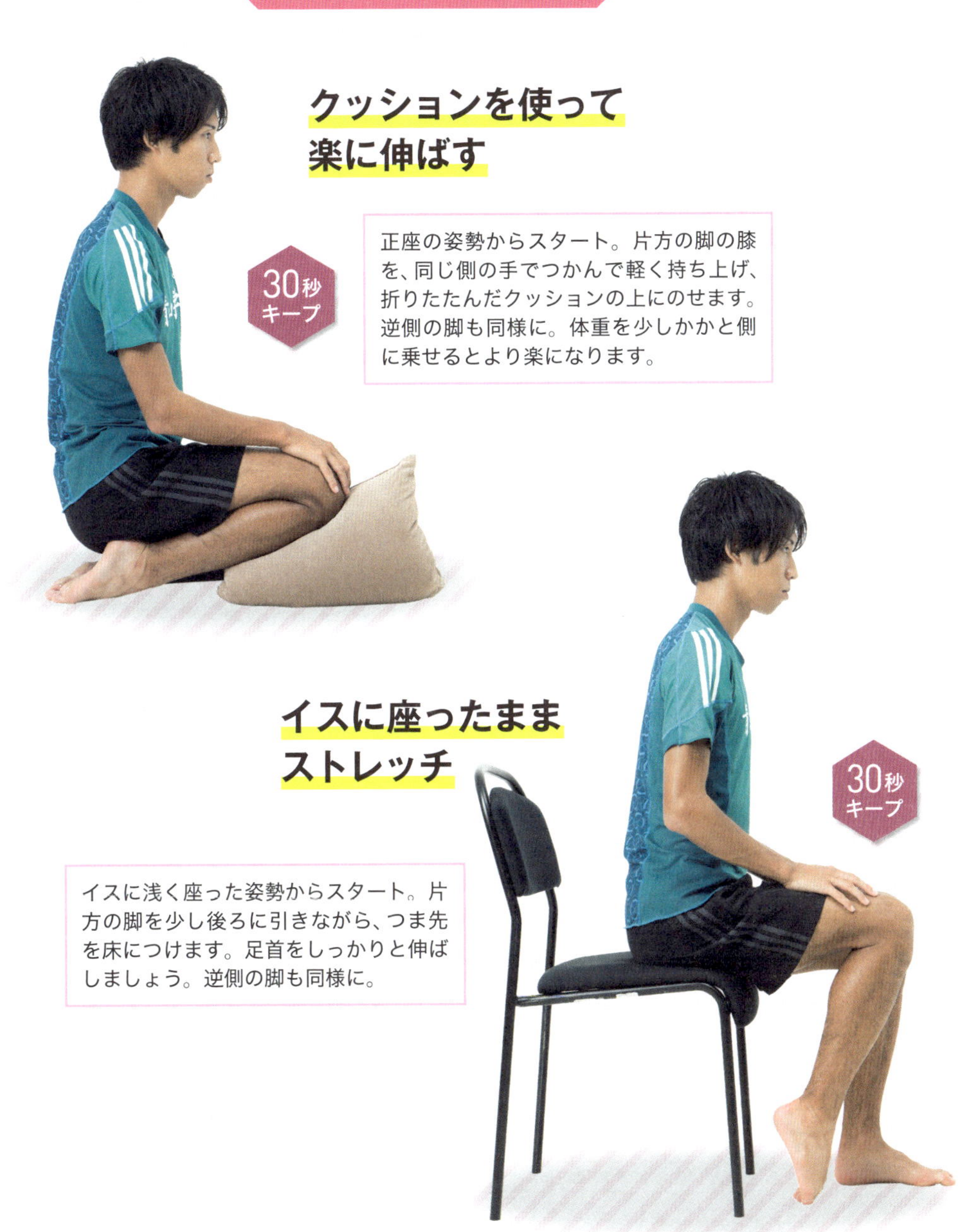

クッションを使って楽に伸ばす

30秒キープ

正座の姿勢からスタート。片方の脚の膝を、同じ側の手でつかんで軽く持ち上げ、折りたたんだクッションの上にのせます。逆側の脚も同様に。体重を少しかかと側に乗せるとより楽になります。

イスに座ったままストレッチ

30秒キープ

イスに浅く座った姿勢からスタート。片方の脚を少し後ろに引きながら、つま先を床につけます。足首をしっかりと伸ばしましょう。逆側の脚も同様に。

11 足底筋群（そくてい）

かかとの角度を変えて伸ばす

両手を脚の上にのせて正座の姿勢からスタート。片方の脚の膝を立て、もう一方の脚はつま先を立てます。つま先を立てた足のかかとにお尻をのせ、体重をかけます。かかとの角度を変えて行うと、幅のある足底筋群を満遍なく伸ばすことができます。片脚が終わったら、もう一方の脚も同様に行いましょう。

バリエーション

両足裏をストレッチ

正座の姿勢からスタート。両足の指の腹を床につけます。かかとにお尻をのせ、体重をかけます。

30秒キープ

立ったまま伸ばす

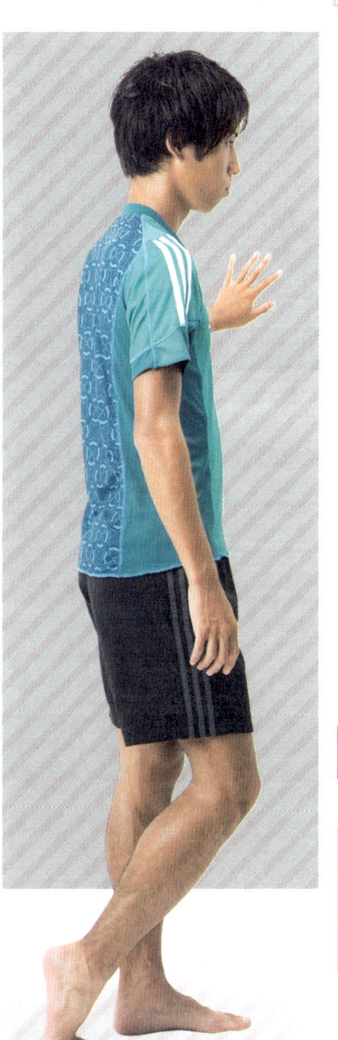

30秒キープ

壁を横にして立ちます。壁側の手を壁につきます。壁から遠いほうの脚のつま先を立て、足裏を伸ばします。逆側の脚も同様に。

原監督が考える

目標管理シートの活用方法〈前編〉

1年の計とスローガンを立てる

もともとビジネスマンだった私が、そのノウハウを陸上の指導の現場に持ち込んだ代表的なものが〝目標管理術〟でしょう。日々の目標を設定し、成果を管理することは、ビジネスでは当たり前のことですが、陸上競技の世界ではそうではありませんでした。

もちろん、どのチームにも、どの選手にも目標はあると思います。ですが、どれほど具体的に目標や、目標を達成するまでの道筋が描けているでしょうか？　それが曖昧だと、今、何をすべきかがわからないままになってしまいます。

さらに、与えられた練習メニューがどんな目的の練習なのかさえわからない選手もいるのではないでしょうか。それでは、選手の自主性は育まれませんし、意識が低いままでは成長もありません。私が就任した当時の青山学院大もまた、そんなチームでした。

目標の立て方はまず、年度始めに1年間のテーマやスローガンと目標を描くことから始めます。スポーツは、競技力と生活力とが密接に関係しているので、競技に関することだけでなく、「○時には必ず布団に入る」など生活面に関することもきちんと押さえておきましょう。人間は放っておくと怠ける生き物だから、こうやって立ち戻る場所をあらかじめ作っておくのです。1年間の見通しがあれば、生活も整っていくはずです。

また、テーマやスローガンを設けることは動機づけになります。夢が広がるスローガンを掲げたいものです。ただし、あまり長すぎても覚えにくいので、覚えやすくインパクトのある言葉にしましょう。

2016年度の青山学院大のチームスローガンは「個の色合わせて緑（チームカラー）

となれ」です。これは、個々が強くなっていかないと、チームのさらなるバージョンアップは成り立たないという思いが込められています。前半戦は、それぞれが自分の目標に向かって個を伸ばしていくことに尽力し、秋以降は、前半戦で培ったこの力を結集させ、駅伝を戦っていこうという決意も内包されています。

このテーマ、スローガンには、そのときのチーム状況に応じた言葉を取り入れてきました。たとえば、就任当初は、チームにまとまりがなかったので「一体感」。次に、仲良しクラブになってきたので「戦う集団」といった言葉を掲げていました。当時は監督の私がテーマを決めていましたが、チームが成熟してきた3〜4年前からは学生が考えています。

本書の読者には市民ランナーばかりでなく、中高生やクラブなどに所属している人も多いかもしれません。個々が同じ方向に向かうには、組織としての目標、スローガンを定めることは有効です。

ステップ1は、1年間のチームのスローガン、チーム目標、個人の目標（生活面と競技面）を決めること。そこから具体的に、月々の目標に落とし込んでいくと良いでしょう。

目標達成のための柿の木作戦!!

月々の目標は、目標管理シートに記入していきます。青山学院大ではA4の紙に、その月の個人テーマ、具体的な目標、目標達成のためにやるべきことなどを書き出していきます。P84に示したように、いたってシンプルな様式です。以前は、フィッシュボーン（魚の骨）ダイヤグラムという、企業の品質管理に用いる手法を採用していました。これは特性要因図ともいい、解決すべきトラブルや課題に対して、細かくその要因や解決策を書き出していくという方法で、文字通り、魚の骨の形のような図を描いていくものです。就任して5〜6年は、これで目標を管理していましたが、チームの成長にともなって、選手たちも言葉を自在に使えるように成長していったことから、よりシンプルな現在の形になりました。とはいえ、様式は異なりますが、やっていること自体は変わっていません。

また、以前であれば、選手を個別に呼び出して、「なぜ、この目標にしたの?」などと、〝なぜなぜ問答〟することが多くありました。どうしてそこまでしていたかというと、選手にも当事者意識を持ってもらいたかったからです。試合で結果が出なければ、もちろん監督である私の責任は大きいのですが、最終的にはスタッフの責任でも、選手にも責任がないわけではありません。双方の立場に責任があるというのを理解してほしいのです。これはスポーツに限らず、どんな組織においても言えることだと思います。

具体的な月間目標を立てるには、まず〝半歩先の目標を立てる〟ことが重要です。

目標を立てるからには、その目標をクリアし、成功体験を得ることも大事。それが自信にもモチベーションにもつながるからです。いきなり実現不可能な目標ばかりでは、挫折感だけが残ります。だから、月間の目標は〝半歩先〟が基本。それを繰り返していくことが、大きな目標達成につながります。

これを私は〝柿の木作戦〟と呼んでいます。柿の実を取るときには、いきなり一番高いところにある実を取ろうとはしません。まずは少し手を伸ばせば届くところにある実を取り、それが美味しいとわかれば、さらにその先の実にも手を伸ばします。そこに手が届かなければ、ハシゴや棒などの道具を使ったりと、工夫をするでしょう。こうして、ようやく高いところにある実を手に入れられるのです。目標の立て方もこれと同じ。まずは実現可能な目標を立てて、段階的にステップアップしていきます。

目標を可視化して認識する

体操の白井健三選手は、リオ五輪の跳馬で新技を成功させ銅メダルを獲得しました。試合では一か八かの挑戦だったとはいえ、根拠もなく挑んだわけではなかったはず。試合は練習で培ったことを表現する場。練習で何度も繰り返し挑戦し、試合でも成功できるという確証をつかんでいたのだと思います。

もちろん、最初は〝半歩先〟を見誤ることがあるかもしれません。でも、毎日、練習日誌をつけ、毎月、プロセスをチェックしていくうちに、だんだんと整合性がとれてくるようになります。また〝目標を具体的な数字に落とし込む〟ことも重要です。どんなスポーツでも数字に置き換えられる部分はあると思いますが、とりわけ陸上競技は、順位、タイム、練習の本数など、数字と密接な関わりがあります。具体的な数字に落とし込むことで、より明確に私と選手とが目標を共有できます。

話は逸れますが、スポーツの現場で指導者が曖昧な言葉を使って指導していることがあります。ニュアンスで理解できるプロフェッショナル同士はそれでいいとしても、学生やジュニア世代の指導の場合は、なるべく曖昧な表現を避けるべきだと思っています。その指導にも、数字は大切な言語です。また、目標を数字化することで、選手も具体的な成長をイメージしやすくなります。さらに、指導者は、選手を相対評価することも大事です。たとえば、チームに選手が50人いれば、当然1番から50番まで順位がつきますが、これは仕方のないこと。チームで最下位であることが必ずしも悪いわけではありません。50番の選手が、いきなり1番を目指すのは無理でも、少し上の49番、48番を目指すことはできるでしょう。だから、50番の選手の頑張りにも目を向けること。たとえ50番のタイムであっても、その選手にとって自己ベストであれば、その成長を評価してあげるべきだと思います。

ただし、競技者であれば、順位にこだわらなければならない場面も出てきます。

記録会では、自分の能力以上のタイムを申告し、速い選手たちと走って自己ベストを狙おうとすることがよくありますが、記録会であろうと、先頭を走ることは快感です。記録会の着順なんて価値がないと考える人も多いかもしれませんが、先頭を走る喜びを覚えたら、もっと練習をしようというモチベーションにもつながります。ですから、記録よりも着順に着目することもあります。

組織の成長で個々の目標も変わる

私が監督に就任した当初は、箱根駅伝に出場することが大きな目標でした。それが、その目標をクリアし、さらにシード権を獲得し、上位争いに加わるようになり、ついに優勝。そして、連覇と、チームは変遷をたどってきました。これも、半歩先の目標クリアを繰り返してきたことで、より高いレベルへと到達することができたのだと思います。

個々の目標に関しても、そのときどきのレベルに応じたものでした。シード権を目指していたときは、当然、シードを取るための具体的な方策を個々で考えて、個人のレベルアップに励んでいました。それが今日では、下田裕太、一色恭志がリオデジャネイロ五輪のマラソン代表選考の俎上に載るなどし、今ではオリンピックを意識した発言が飛び出すまでになりました。大学駅伝界のトップチームとしてのプライドが感じられます。

目標管理はあくまでも準備の段階の話ですが、いかにこだわりを持って準備できるか。その積み重ねが結果につながるのです。

一色恭志

Tadashi Issiki

いっしき・ただし（4年）
1994年6月5日、京都府与謝野町生まれ。
豊川高校。身長169㎝・体重56kg・シューズのサイズ26.0㎝・血液型O型

Q1　青トレ3年目で自分の走りはどう変わった？
推進力のある走りに変わりました。

Q2　ストレッチで体はどう変わったか？
故障しない体になりました。

Q3　バランスボールトレーニングで体はどう変わったか？
体のバランスが整いました。

Q4　自分の走りの“ここ”を見てほしい！
大学最後の年なので、4年目の「覚悟」のある走りを見てほしい。

Q5　2016-17シーズンのチームはどんなチームか？
真面目なチームです。

Q6　今季のキーマンとその理由は？
1年生全体。非常に素質があるので。

Q7　このチームでの自分の役割をどう考える？
走りでチームを牽引する。

Q8　これまでの競技人生で一番つらかったことと、それをどうやって乗り越えたか？
これまで、大きなケガも、ブランクも無く、ひたすら練習してこられたのでつらいことはないです。

Q9　自分にとって最高のランとは？
楽しく最後まで走り切ることです。

Q10　ランナーとしての将来の目標は？
2020年の東京オリンピックへの出場です。

2

BALANCEBALL TRAINING

バランスボールトレーニング

CHECK!

バランスボールの大きさ

NG

膝の角度が90度未満になる場合はボールが小さすぎます。膝の角度が90度を超える場合は、ボールが大きすぎます。膝や股関節に違和感がある、疾患がある方は大きいサイズのもので始めてみてもいいでしょう。整形外科的に疾患のある方は、必ずドクターの指示を仰いでください。

CHECK!

正しい座り方

背筋を伸ばし、脚は骨盤幅に開きます。膝の角度は90度。手は脚の上に軽く置きましょう。

背中が丸まってしまう、反らしすぎてしまうのはNGです。また、膝が内側に入らないようにも気をつけましょう。

エクササイズ前のセルフチェック

BEFORE

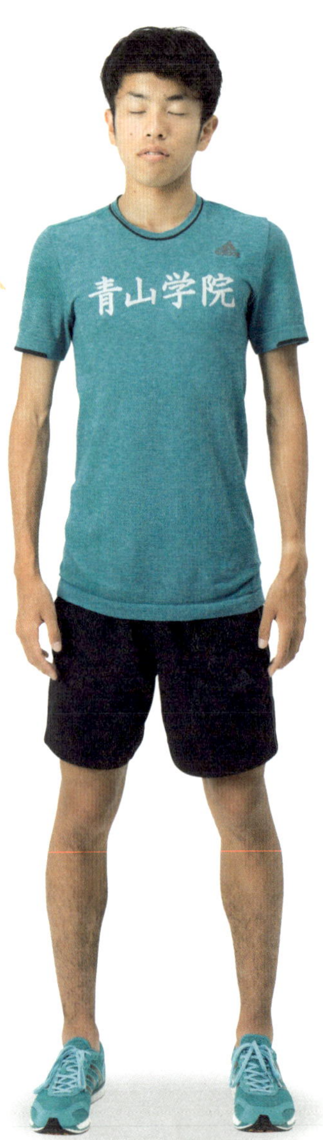

立位の状態で目を閉じ、自分の重心がどこにあるかを確認しましょう。右足だけに体重が乗っている人、左足だけに体重が乗っている人、両足のつま先だけに体重が乗っている人など、様々です。バランスボールのエクササイズを行うと重心が両足のかかとに均等に乗っている感覚が得られるはずです。エクササイズを始める前に、まず自分の重心がどこにあるかを確認してみましょう。

自分の重心が どこにあるかを確認!

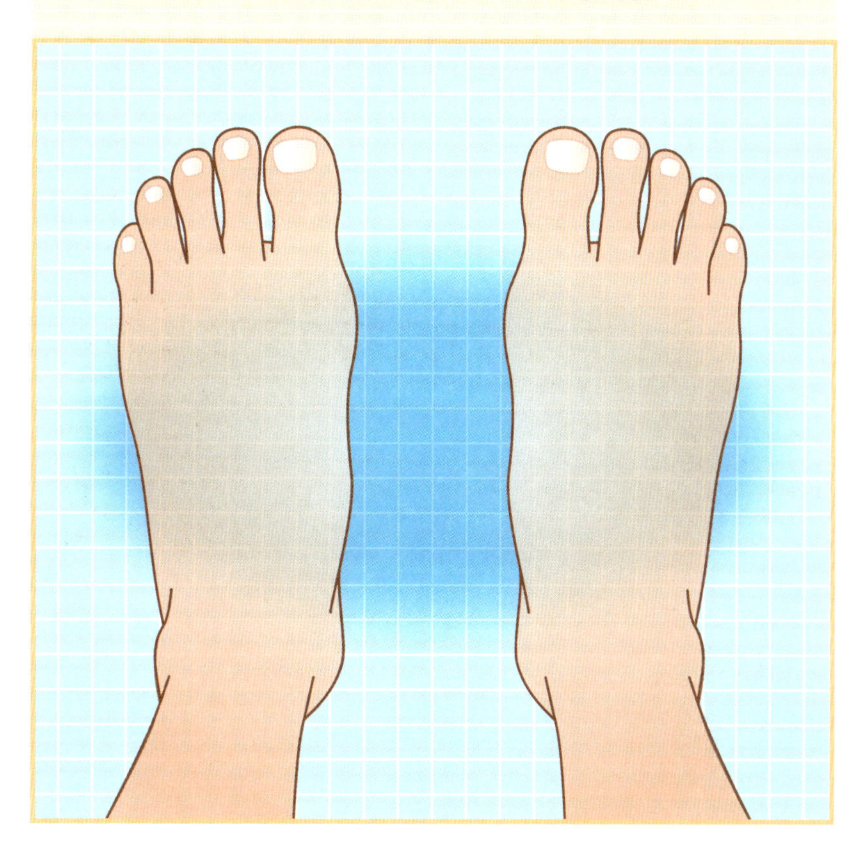

12 バウンス

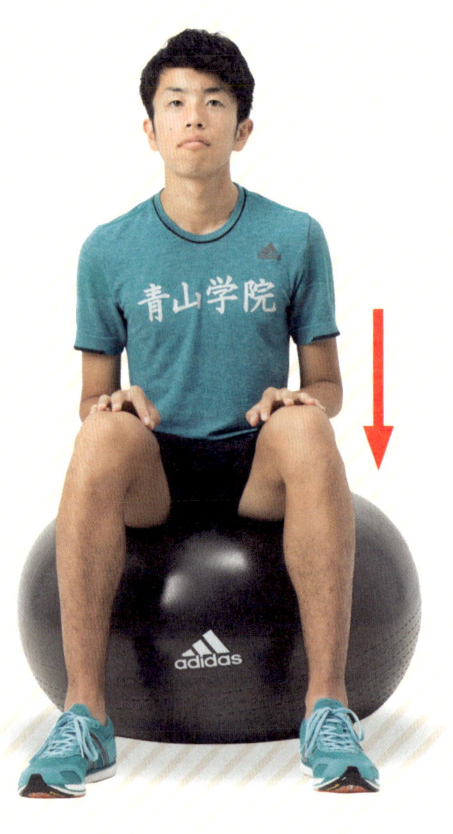

50回を目安に

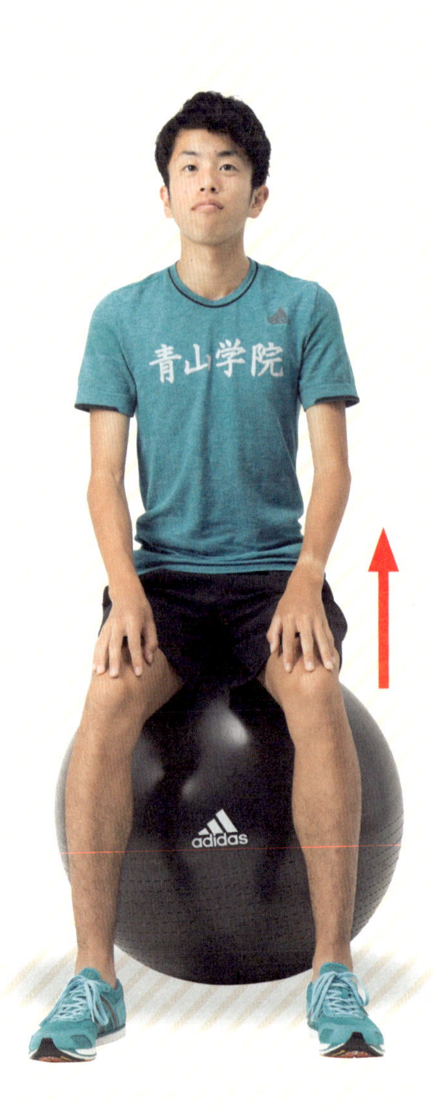

ボールに姿勢良く座り、手は太ももの上に。首、肩、腰の力を抜いて、上下にリズミカルに弾みます。首、肩、腰を脱力し、緊張している筋肉をほぐすようなイメージで行います。ポジションがズレないように注意して、同じ位置で繰り返し行いましょう。

首、肩に力が入っていると、背筋も伸びたままになり、筋肉がほぐれません。首の力が抜けていると顎が少し前後に動きます。肩甲骨、腰の周囲が動いていることを感じられるようにしましょう。

体が沈んだときに、あごが上り頸椎が極端に伸展してしまうのもNGです。首に過度な負担がかかりますので注意しましょう。

13 側屈

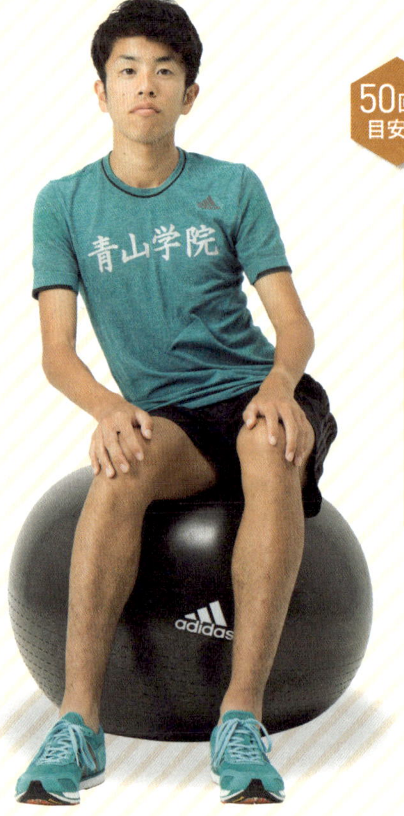

ボールに姿勢良く座り、手は脚の上に。頭の位置は動かさず、姿勢を真っすぐに保ちながら、リズミカルに骨盤を左右に動かします。左右均等に動かせるように意識しましょう。腰に違和感を感じるようなら、動きは小さくてかまいません。スピードはゆっくりでもOKです。

ボールを揺らすときに体全体が動くのはNGです。体が横に倒れてしまうと、腰椎を動かせていません。

応用

タオルを両手で持って上に持ち上げます。こうすることで、より上半身を固定することができます。通常の動きではもの足りないという人は試してみてください。

14 前傾・後傾

ボールに姿勢良く座り、手は太ももの上に。骨盤の前傾と後傾を繰り返します。お尻を後ろに突き出して骨盤を前に傾ける、前方に出して後ろに傾けるというイメージです。

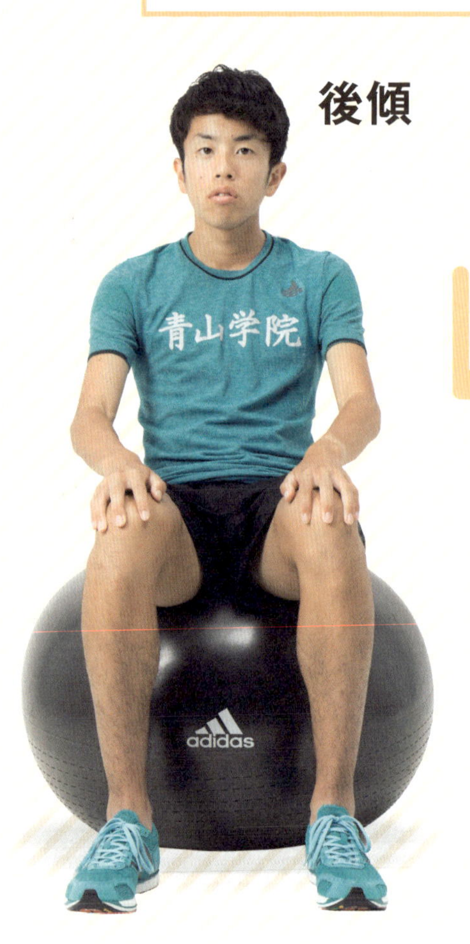

横から見ると

頭の位置や肩の位置はあまり動かずに、骨盤だけが前後に動くイメージです。

体を前に出したときに膝が内側に入ってしまうのはNG。股関節や太ももの周囲の筋肉に負担がかかります。

体全体が前後に倒れてしまうのはNG。この動作だと骨盤、背骨周囲の筋肉が動かせていません。

15 回旋

ボールに姿勢良く座り、手は脚の上にのせてスタート。頭の位置が動かないように、膝の間隔が変わらないように注意しながら、骨盤を回します。大きな円を描くようなイメージで行いましょう。難しければ小さな動きでもかまいません。反対周りも行いましょう。

応用

回旋の動作がうまくできるようになったら、タオルを両手で持って上半身を固定した状態でチャレンジしてみましょう。

16 ボールを抱えて傾ける

20回を目安に

肩幅よりやや広い程度に脚を開いて立ちます。大きな木の幹を抱くようなイメージでボールを抱えます。息を吐きながらボールを回しつつ体を斜め前方に倒します。前に出た手の側の背中が伸びているのが感じられるはずです。息を吸いながらゆっくりと元に戻り、今度は反対側に倒します。

横から見ると

ボールをしっかりと大きく抱え、ボールを回しながら斜め前方に体を倒しましょう。

NG

ボールを回さずに体を捻って倒すのはNG。肩甲骨を含め広範囲を伸ばすために、ボールを回して体を倒しましょう。

NG

抱えが甘いのはNGです。肩甲骨が離れるくらいのイメージで大きく抱えましょう。

17 ボールを持ち上げて回す

20回を目安に

肩幅よりやや広い程度に脚を開いて立ちます。両手でボールを持って頭の上に持ち上げます。そのまま骨盤を動かさないようにして、左右にボールを回していきます。視線は前方を向いたまま。お腹周りの筋肉が雑巾をしぼるように動くイメージです。

ボールを回すときに、骨盤、頭がいっしょに動いてしまうのはNG。腹部を捻るのがポイントです。頭と骨盤は固定しましょう。ろっ骨から回すイメージです。

体の軸がブレて、ボールもそれに合わせて左右に動いてしまうのはNGです。ボールの位置を変えずに回転だけさせるイメージです。

18 膝をついて斜めに伸ばす

立て膝の姿勢からスタート。バランスボールの上に片方の手を置きます。息を吐きながらボールを斜め前に転がし、同時に腰が反るところまで体を伸ばします。もう一方の手は地面についてバランスを取りましょう。体を伸ばしきったら、背中を丸くしながらボールを引き寄せ、体を起こして元の位置に戻ります。反対側も同じように行います。肩に違和感がある人は、ボールに肩を強く押しつけないように注意。

ボールを真っすぐ前に転がすのはNGです。斜めに向かって転がすことで、背中を広範囲に渡って大きく伸ばすことができます。

応用

ボールが前に出たときに、手の平が上に向くまで腕を回旋させます。距離が延びる分、体を伸ばすことができます。

19 上体起こし

体を起こすとき、倒すときに、かかとが床から離れないように注意。かかとは床についたままで一連の動作を行いましょう。

ボールの上に背中をのせ仰向けになります。両手はバンザイをして頭上に。ボールを後方に転がしながら体を前に起こし、両手をつま先のあたりまでもっていき、仰向けに戻ります。

※転倒しないように無理のない範囲で行いましょう。

20回を目安に

エクササイズ後のセルフチェック

バランスボールのエクササイズが終わったら、あらためてセルフチェックを行います。立位の状態で目を閉じ、自分の重心がどこにあるかを確認しましょう。バランスボールのエクササイズがうまくできていれば、両足のかかとに均等に重心があるのが感じられるはずです。十分に変化を感じられない場合は、回数やセット数を増やしてみましょう。動作が正しく行えているかの見直しも大切です。

山学院

原監督が考える

目標管理シートの活用方法〈後編〉

目標はあえて人の目に晒す

私たちが生活を送っている町田寮の玄関を入り、食堂へと降りていく階段のところに、選手たちが書いた目標管理シートが掲示されています。

こうやって目標を紙に書き出すことで、頭の中が整理できますし、目標への意識も高くなり、次の行動へつなげることができるようになります。

そして、それを壁に貼り出すことにも大きな意味があります。まず、他人の目に触れることで、それぞれに責任感と自覚が生まれます。口だけで終わらせないようにと、個々の選手は努力しなければなりません。また、チームメイトの目標を目にすることで、自分も負けてはいられないと発奮する材料にもなるでしょう。

さらに、これが組織としての成長にもつながります。実は、新入生が入ってきて、目標管理についての指導や講義などはしていません。新入生は、掲示された先輩の目標管理シートを見たり、同部屋の先輩から教えられたりして学んでいきます。そうやって代々受け継がれていくシステムができあがってきました。

そして、目標管理シートを提出したあとは、チームメイトで個々の目標に対して意見を交換し合う、目標管理ミーティングを行います。これはランダムに、5、6人のグループになって、それぞれが設定した目標に対してグループ討議を行うものです。お互いに意見を出し合うことで、練習計画もより具体性を帯びてきます。5、6人の少人数のグループで行うのは、大人数で行うよりも活発に意見交換ができるので、当事者意識を持つことにもつながるからです。

また、ランダムにグループを作るのも大きな意味があります。

なポイントです。以前は能力別だったり、故障者は分けていたりしたこともありましたが、ここ数年は、学年や故障者、Aチーム、Bチームなど選手の能力で区分することはありません。食堂のテーブルは6人掛けで、その席はくじ引きで決めていますが、そのグループがそっくりそのまま目標管理ミーティングのグループにもなっています。

新人だから気がつくことがある

トップ選手と下のグループの選手とが意見を交わすことで、お互いの考えを知ることができますし、故障者にとっては、かつて故障を経験した選手の話に勇気づけられることもあるでしょう。また、下級生は上級生の苦労話を聞くことで、「この先輩にもこんな時代があったのか」と、いっそう頑張ろうという気持ちになれるかもしれません。

1年生にとっては、このミーティングで目標管理の大切さを身にしみて学べ、上級生にとっても、下級生に教えることでリーダーとしての自覚が芽生えます。ランダムでグループを決めることは、チームに一体感をもたらすことに大きく役立っているのです。

「4年であろうと、1年であろうと、ちゃんと自分の意見を言おう」とは、ずっとチームに言い続けていることです。これが根底にあるので、従来の体育会のイメージにあるような、4年生がいばりちらすだとか、理不尽なことを言う、といったことはありません。だから、1年生でも上級生に物申すことがありますし、自由な議論ができているのだと思います。

そもそも、組織の一番の問題点に気づいたり、疑問点を見出したりするのは、新しく入ってきた人たちです。だからこそ、1年生の意見には、上級生にとっても参考になることがあるはずです。最初のミーティングで、1年生が勇気を振り絞って意見をしたとして、「何をえらそうなことを言っているんだ」と上級生が蓋をしてしまったら、その学生は二度と意見を出せなくなるでしょう。会話のない組織では、アイデアも生まれません。普段から明るい集団で、会話も活発に飛び交っていれば、その分、アイデアも出てきます。そういう集団が私たちのチームです。

当初は、目標管理ミーティングに私も入り込んで、1つ1つ口を挟んでいましたし、口をすっぱくして、目標の修正を促すこともありました。それが今日では学生主体で行われており、2〜3年前からは、あえて私もほとんど顔を出さないようにしています。最近、ふらっとのぞいてみたら、ものすごく議論が交わされていました。これにはあらためて、私の出る幕はないなと思ったものです。

現状を打破する前向きな言葉

先にも書いた通り、2016年度は、「個の色合わせて緑となれ」というチームテーマを掲げました。それぞれに「この試合に出たい」という主張があるのであれば、チームはそれを容認しています。それにともなって、練習も「この試合に向けて、こういう練習をしなければならない」と自然と選手から発信されます。今までの日本陸上界では、それがワガママと捉えられることもありましたが、今はそういう時代ではないと思っています。

たしかに駅伝シーズンに入れば、本主本流の練習に可能な限り合わせていくことになってきます。それがチーム目標を達成するために必要だからです。ですが、前半戦であれば、選手個々の意欲、チャレンジ精神をできる限り尊重します。それが結果として、チームのレベルアップにもつながるからです。

陸上競技の場合、結果は数字として現れます。しかし、結果だけを見て、良し悪しを判断するのであれば、監督は不要ではないでしょうか。私は、あくまでも練習のプロセスを重視して指導しているので、試合前にこと細かく指示を与えることはあまりありません。力のある選手ほど、レースプランについて口を出すことは少ないです。結果とは、これまで取り組んできたことの褒美のようなもの。その褒美を得るために、準備をします。その準備の過程を明確にするために、目標管理があるのです。

伸び悩んでいる選手の目標管理シートを見ると、目標が数字に落とし込まれていなかったり、言葉が曖昧だったりすることが多いようです。また、未来志向の言葉になっていないのが目立ちます。もちろん、結果が出ていないときほど後ろ向きな気持ちになってしまうのは理解できます。でも、レース本番で負けたとしても、本人が努力した結果であれば、次につながるはずです。長距離にはストイックなイメージがつきまといますが、楽観的に物事を捉えることが、現状を打破する鍵になることもあります。

たとえば、2015年度にキャプテンを務めた神野大地は、目標管理シートには具体的に数字に落とし込んだ目標を記入していました。故障に苦しんでいたときにも、1枚の紙から〝まだあきらめていない〟というパワーを感じたものです。現状を把握し、今やるべきことを自分で理解できていたのでしょう。最後の箱根駅伝では、見事に復活を遂げ、総合優勝に貢献する走りを見せてくれました。

まずは何より先に大義

月間目標があまりにも自分の実力からかけ離れていれば、「こんなのは目標とは言わない。〝妄想〟だ」と選手に突き返すこともありますが、その〝妄想〟を描くことも実は大事なことです。〝半歩先の目標〟と〝妄想〟とはチーム、個人のレベルアップに欠かせない両輪となります。

新入生が入ってきたときには、4年後にどうなりたいかを、学年全体で話し合わせるようにしています。チーム、個人それぞれの4年間の妄想を描かせるのです。

神野大地や久保田和真らが入学してきたときは、「俺たちが4年のときに、大学駅伝三冠、箱根駅伝優勝を成し遂げようぜ」と話していたそうです。まだ青山学院大が優勝争いもしたことがなかった時代にです。でも、彼らは、三冠は叶わなかったものの、箱根駅伝優勝は二度も成し遂げました。

繰り返しになりますが、目標には、大・中・小とあり、それを随所随所で考えることで的を絞っていくのです。「たまたま勝った」ではなく、根拠を持って勝つことができて、本当に強いチームと言えるでしょう。

最後に私自身の目標設定についてお話しします。選手たちのように具体的に紙に記入することはしていませんが、まず先に大義を作り、それに対して具体的な戦略を練って進めていくようにしています。

その大義の1つは、陸上・長距離界に華やかさをもたらすこと。ジュニア世代には、圧倒的に野球やサッカーのほうが、人気が高いのが実情です。それを長距離に振り向かせたいと思っています。そのために、テレビに積極的に出たり、数多くの講演活動をこなしたりしています。そもそも、世の中があって陸上競技が存在しているのですから、世の中の人に受け入れてもらえるようなメッセージを発信していくべきだと思います。陸上って楽しい。明るい競技だ。そんなイメージを持ってもらえたら何よりです。

箱根駅伝はアマチュアスポーツで最も人気ある大会の1つです。その優勝監督として、その地位にとどまるだけではなく、私自身も成長していきたいと思っています。

PROFILE

下田裕太

Yuta Shimoda

しもだ・ゆうた（3年）
1996年3月31日、静岡県小山町生まれ。
加藤学園高校。身長169㎝・体重53.3kg
・シューズのサイズ26.0㎝・血液型A型

Q1　青トレ3年目で自分の走りはどう変わった？
コアがさらに安定して、上半身をうまく使ったフォームになれました。

Q2　ストレッチで体はどう変わったか？
体が柔らかくなり、左右のバランスが良くなりました。

Q3　バランスボールトレーニングで体はどう変わったか？
時間をかけてやると、体がリフレッシュしたような感覚になる。今まで動いていない部分が、すごく動いている感じがする。

Q4　自分の走りの“ここ”を見てほしい！
上半身を使った走り。とくに後半やラストスパートを見てほしい。

Q5　2016-17シーズンのチームはどんなチームか？
まとまりがあるチーム。1人ひとりの責任感でうまくチームがまとまっている。

Q6　今季のキーマンとその理由は？
自分!!　主要区間を走れる力があれば、チームのレベルが1つ上がる。

Q7　このチームでの自分の役割をどう考える？
ムードメーカー。常に明るく自分を忘れない。みんなに元気を。

Q8　これまでの競技人生で一番つらかったことと、それをどうやって乗り越えたか？
高校3年生の前期に絶不調になりました。でも、当時の監督の言葉をキッカケに、決めたことを信じぬくことができました。

Q9　自分にとって最高のランとは？
まだないです。でも将来的に世界で走りたいです。

Q10　ランナーとしての将来の目標は？
日本で一番影響力のある選手になりたいです。

SELF MASSAGE

セルフマッサージ

20 大臀筋

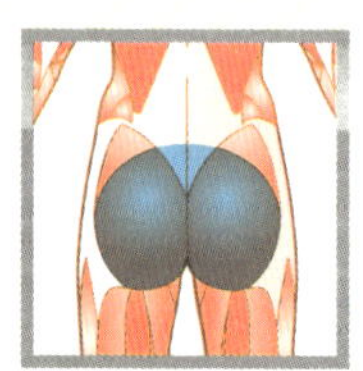

ストレッチポールの上に片側のお尻をのせます。両手両足を床についてバランスを取りましょう。のせた側と逆の脚の膝の曲げ伸ばしを使ってポールを動かし、大臀筋をマッサージします。反対側も同様に行いましょう。

※セルフマッサージが終わったらすぐにストレッチをしましょう。

ストレッチ

膝立ちの姿勢からスタート。片方の脚を前に出しながら、両手を床につきます。踏み出した脚の膝から下を逆側の手のほうに流します。後ろの脚はできるだけ後方に伸ばしましょう。息を吐きながら上体を前に倒します。逆側の脚も同様に。

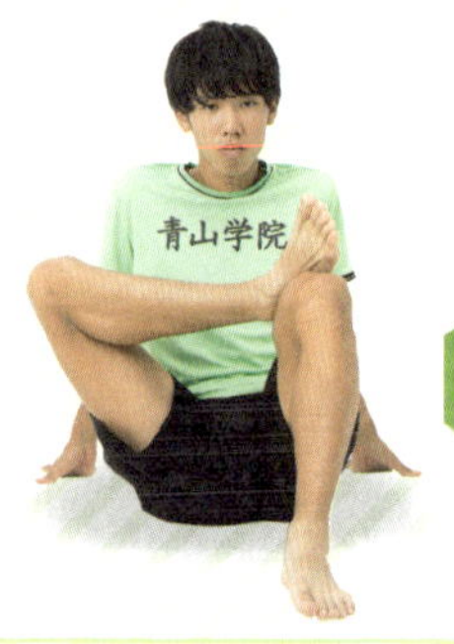

あぐらをかいた姿勢からスタート。片方の脚の膝を立て、もう一方の脚の足首を太ももにのせます。両手は後ろに置いてバランスを取ります。逆側の脚も同様に。

21 中臀筋

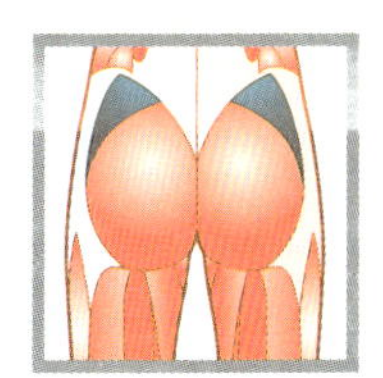

ストレッチポールの上にお尻の横がのるようにします。両手両足を床についてバランスを取りましょう。膝の曲げ伸ばしを使ってポールを動かし、中臀筋をマッサージします。反対側も同様に行いましょう。

※セルフマッサージが終わったらすぐにストレッチをしましょう。

ストレッチ

足を伸ばして座った姿勢からスタート。片方の脚で、もう一方の脚をまたいで膝を立てます。伸ばした脚の側の肘を曲げた脚の外側にかけ、上体を捻ります。反対側も同様に。

仰向けで寝た姿勢からスタート。両手を左右に開きます。片方の脚の足首を、もう一方の脚の太ももにのせます。腰から下を捻り、足首がのったほうの脚の膝を床に向かって倒します。大腿骨の角度を45度程度にします。反対側も同様に。

22 大腿筋膜張筋（だいたいきんまくちょうきん）

立位の姿勢で脚を横に持ち上げるときに使うのが大腿筋膜張筋です。一度部位を確認してからセルフマッサージを行うと良いでしょう。ストレッチポールの上に骨盤の横がのるようにします。両手両足を床についてバランスを取りましょう。ポールを転がしてマッサージをします。反対側も同様に行いましょう。

ストレッチ

※セルフマッサージが終わったらすぐにストレッチをしましょう。

30秒キープ

横向きに寝た姿勢からスタート。両手で床を押して上体を起こし、上側の脚の膝を立てます。太ももの外側が伸びるように、下側の脚は真っすぐに伸ばします。反対側も同様に。

仰向けで寝た姿勢からスタート。腰に回したストレッチバンドを片方の足の裏にかけます。膝を曲げながら、反対の脚の方向に倒します。上体が起きないように注意しましょう。このとき、大腿骨の角度を20度程度にすると大腿筋膜張筋が伸びます。逆側の脚も同様に。

30秒キープ

腸脛靭帯炎とは

膝の曲げ伸ばし動作を繰り返すことで、膝の外側で起こる腸脛靭帯の炎症。膝の外側に痛みが出る、ランナーに多く見られる障害です。腸脛靭帯炎になりやすいという方は、大腿筋膜張筋のセルフマッサージとストレッチを入念に行ってください。

23 ハムストリングス

片方の脚の太ももの裏側をストレッチポールの上にのせます。両手を床についてバランスを取りましょう。座骨のあたりから膝の裏にかけて広範囲に渡り、ポールを転がしてマッサージを行います。反対側も同様に行いましょう。

ストレッチ

※セルフマッサージが終わったら
すぐにストレッチをしましょう。

仰向けで寝た姿勢からスタート。ストレッチバンド中央部を片方の足の裏にあて、両端を手で持ちます。膝があまり曲がらないようにしながら可能なところまで脚を持ち上げます。逆側の脚も同様に。

30秒
キープ

直立の姿勢から、片方の脚を前に出し、イスの上に置きます。つま先を上げます。両手を前に出した脚の太ももに置き、へそを太ももに近づけるようにして伸ばします。逆側の脚も同様に。

30秒
キープ

24 広背筋（こうはいきん）

横になって寝た姿勢からスタート。脇にストレッチポールをあてます。ストレッチポールを転がして、マッサージを行いましょう。カラダを上下に動かしながら、気持ちいいと感じる場所を探します。痛みを感じる方は体重を乗せないように注意しましょう。反対側も同様に行いましょう。

ストレッチ

※セルフマッサージが終わったらすぐにストレッチをしましょう。

あぐらをかいた姿勢からスタート。両手を頭上に上げ、片方の手首をもう一方の手で持ちます。息を吐きながら、手首をつかんだ手の側に上体を倒します。逆側の手も同様に。

25 小胸筋（しょうきょう）

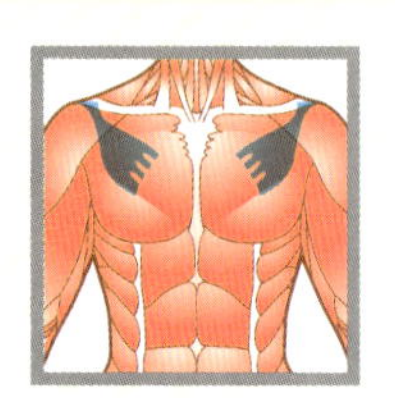
前面

うつ伏せの姿勢からスタート。胸と腕の付け根あたりをストレッチポールにのせます。ストレッチポールを小さく揺らすようにマッサージをします。カラダを左右に動かしながら、気持ちいいと感じる場所を探します。痛みを感じる方は体重を乗せないように注意しましょう。反対側も同様に行いましょう。

ストレッチ

※セルフマッサージが終わったら
すぐにストレッチをしましょう。

膝立ちの姿勢からスタート。片方の腕の肘を床につき、もう一方の腕をイスの座面にのせます。息を吐きながら、イスに乗せた腕側の肩を床に近づけます。反対側も同様に行いましょう。

安藤選手の目標管理シート

個の色　合わせて　緑となれ　～箱根三連覇への道～

氏名　安藤悠哉

9月の目標

『 学内記録会 5000m 14'10
世田谷記録会 5000m 13分台 』

＜具体例＞

9/9 ～ 9/15　3次合宿　（in 妙高）

9/21（水）　学内 5000m 記録会

10/1（土）　世田谷記録会　5000m

まずは、3次合宿。選抜に選ばれれば妙高で。この3次合宿で
夏の合宿は終わりで秋のシーズンへ向けた練習が入ってくる。集中して
体のケア、練習をして、いい体を作っていきたい。

その後、学内5000mTTであるが、ここで今の自分のチームでの立ち位置が
見えてくる。タイムもそうだが、順番もこだわって最低でも10番以内に
入れるようにする。

そして、世田谷記録会で13分台を狙って調整していく。ここで
あわよくば自己ベストも狙えるようにしたい。

キャプテンとして迎えた大学生活最後の夏は、夏合宿から好調を維持し、9月21日の学内5000mタイムトライアルでは14分2秒6で5位と、タイムも順位も目標をクリアした。10月1日の世田谷記録会は14分7秒69のシーズンベスト。目標の13分台はならなかったが、これは翌週の出雲駅伝に向けた調整レースとなったから。出雲駅伝の結果（5区区間賞・区間新）からも、10割の力で臨んでいれば、目標を十分に達成していただろう。

原監督が考える

目標管理シートの活用方法〈実用編〉

一色選手の目標管理シート

個の色　合わせて　緑となれ　～箱根３連覇への道～

氏名 一色恭志

6月の目標

『 日本選手権5000m 入賞 』

<具体案>

レースまで残り約2週間あるのでまだできることはある。
6月5日の日体大5000mは直前のトラブルもあったが、
ペースが一度落ちてからラストも全く上げることができなかった。
有酸素の面ではしっかりと練習ができていたが、苦しくなって
体全身が止まる無酸素運動のトレーニングができていなかった。
6月10日、11日、12日の3日間でどちらもしっかり追い込んだトレーニング
をしたい。そしてラストのキレを出して58秒で上がれるような体づくりをしたい。
日本選手権後は、5月から続いたトラックの試合による距離不足を
補うために基本のjogを大事にする。朝jogは基本60分を
ベースにもう一度秋の駅伝、マラソンに向けた足づくりをコツコツ
行う。
トラックのスピードから距離への移行は特に故障に気を付けたい。
練習後のストレッチを徹底させ、必ず1セット行うようにする。

箇条書きではなく、長文で具体案を記すのが一色選手のスタイル。前月の5月には、念願の学生初タイトル（関東インカレ2部5000m優勝）を手にしている。そして、日本選手権の5000mでも、並みいる強豪選手に食らいつき、13分39秒65の自己ベストで4位入賞を果たす健闘を見せた。前半戦は、関東インカレ、日本選手権が大きな目標で、日本選手権まではトラック競技に力を注いでいたため、この時期の走り込み不足を懸念している。

下田選手の目標管理シート

個の色　合わせて　緑となれ　～箱根３連覇への道～

氏名　下田裕太

２月の目標

『東京マラソン　2°12'00"　』

＜具体案＞

・神奈川ハーフ　63'20"（～50"）
　→20kmまで先頭集団。今の体でしっかり走る。出力しすぎない。

・宮崎合宿（100%消化）
　→流れに乗りながら、あまり無理をしすぎない。調整合宿のつもりで。

・東京マラソン　30～35kmまでついて―2°12'00"台目標
　→走ってみないとどうなるかわからないが、準備とこだわりを持って全力で挑む。

・宮崎合宿は、一年生が入ってきて重要な合宿となるので、コミュニケーションと指導を意識して行っていく。

・補強が12月1月とあまり行えていないので、マラソンに向けてしっかりと行っていきたい。

19歳で挑む初マラソンは、それまでの10代日本最高（2時間15分30秒）をはるかに上回る記録を目標に立てていた。2月7日の神奈川マラソンは、チーム内4位ながら1時間3分41秒とまずまず。目標タイムからは遅れたが、最低限はクリアした。そして、東京マラソンは、外国人勢のハイペースにはついていけなかったものの、一色や他大学のエースをも破り、2時間11分34秒と見事に目標をクリア。日本人2位（10位）に入る大健闘だった。

青トレ オリジナル目標管理シート

年のスローガン

氏名

○月の目標

『　　　　　　　　　　　　　　』

〈具体案〉

- □
- □
- □
- □
- □

こちらをそのまま活用していただいてもかまいませんが、原監督の目標管理シートの活用法を熟読したうえで、みなさんのオリジナルの目標管理シートを作ってみてください！

PROFILE

安藤悠哉

Yuya Ando

あんどう・ゆうや（4年）
1994年11月21日、愛知県豊橋市生まれ。
豊川工業高校。身長177㎝・体重57kg・
シューズのサイズ27.0㎝・血液型A型

Q1　青トレ3年目で自分の走りはどう変わった？
ほんの少しだけカッコ良くなったかと思います。

Q2　ストレッチで体はどう変わったか？
やらないと、体がおかしくなります。

Q3　バランスボールトレーニングで体はどう変わったか？
やらないと、走りがおかしくなります。

Q4　自分の走りの“ここ”を見てほしい！
４年間の「想い」を込めた走りを見てください！

Q5　2016-17シーズンのチームはどんなチームか？
真面目です。僕を筆頭に（笑）。

Q6　今季のキーマンとその理由は？
４年生。僕を含めて、４年生のチームなので。

Q7　このチームでの自分の役割をどう考える？
主将としてチームを1つにして、駅伝に挑みたい。

Q8　これまでの競技人生で一番つらかったことと、それをどうやって乗り越えたか？
３年時の箱根駅伝のメンバー落ちです。最後はやってやる、という思いだけで、今日までやってきました。

Q9　自分にとって最高のランとは？
第93回箱根駅伝を人生史上最高のランにします。

Q10　ランナーとしての将来の目標は？
今度の箱根駅伝で選手を引退するので、太らないようなレベルで（笑）。

ICING
アイシング

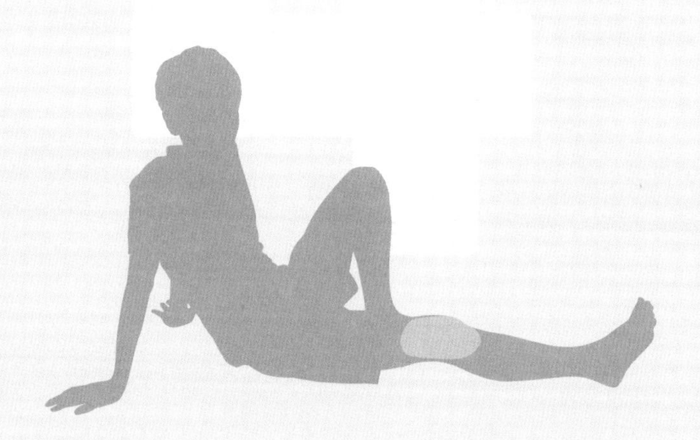

RICE処置

RICE（ライス）とは、応急処置の基本であるRest（安静）、Ice（冷却）、Compression（圧迫）、Elevation（挙上）の頭文字をとったものです。内出血、腫れ、炎症を抑えるために有効なもので、打撲や捻挫などのケガをした場合や痛みがある場合は、なるべく早くRICE処置を行う必要があります。これを怠ると患部の周囲に二次的低酸素障害が広がってしまいます。
靭帯や筋力が外力によって損傷すると、細胞膜が壊れて細胞液が周囲に流れ出します。また毛細血管も切れ、血液がその周囲に流れ出てきます。流れ出した細胞液や血液が細胞の周囲に浸透し始めると、水圧によって近くの毛細血管の流れが阻害されてしまうのです。これによって、患部以外の健康な細胞に酸素や栄養素が供給されなくなり、健康だった細胞までも死滅します。これを二次的低酸素障害と言います。二次的低酸素障害を防ぐためにも、ランニング中に脚に違和感や痛みを感じた場合は、素早くRICE処置を行ってください。

R：Rest（安静）
運動を中止して血液循環を抑え、患部を固定して局所的な安静を保つ。

I：Ice（冷却）
冷却することで血管を収縮させ、炎症や内出血を抑える。

C：Compression（圧迫）
周囲の組織、血管を圧迫することで、内出血や腫れが起こるのを抑える。

E：Elevation（挙上）
患部を心臓よりも高い位置に置くことで、内出血を抑える。

脚をアイシングする場合は、横になり、脚をイスなどの上にのせて患部が心臓よりも高い位置にくるようにしましょう。

NG

氷嚢を患部にあてているだけではアイシングは不十分です。圧迫、挙上することを心掛けましょう。

正しいアイシングの方法

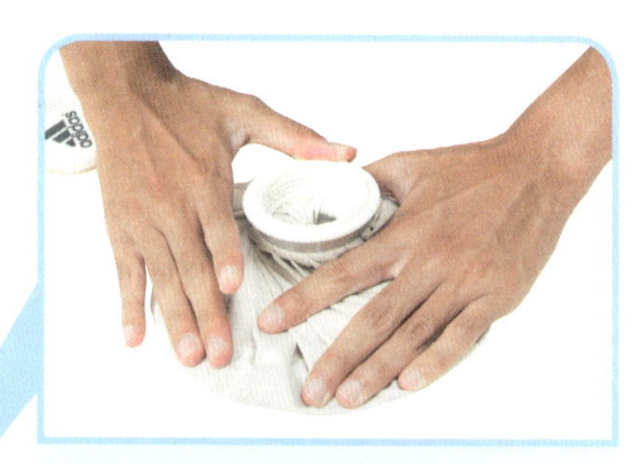

氷嚢に氷と少量の水を入れます。患部に密着させるために氷嚢内の空気をしっかりと抜いてから蓋をします。

氷嚢がない場合はビニール袋での代用も可能です。2枚重ねたビニール袋の中に氷と少量の水を入れます。氷嚢と同様に中の空気を抜き、さらに口で吸ってから袋をしばって閉じましょう。

アキレス腱

足底

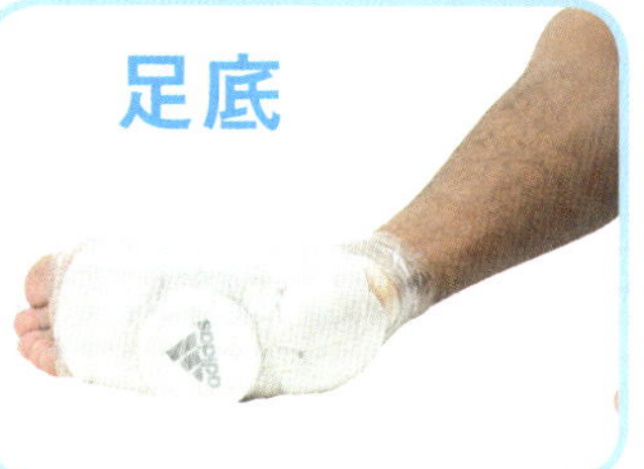

脛(内側)

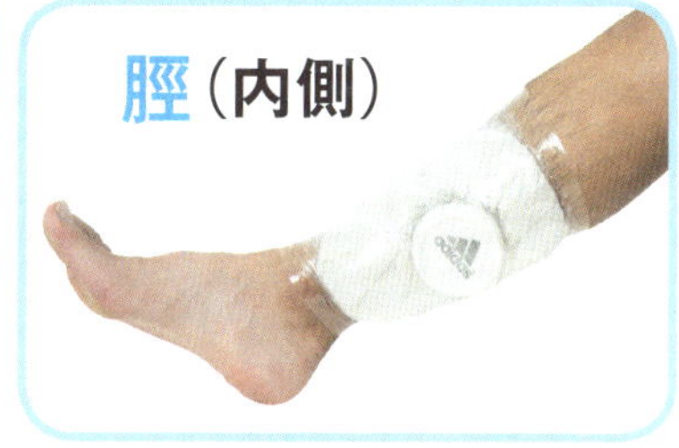

スポーツタオルでも氷嚢の固定は可能ですが、患部がどの部位でも使いやすく冷気が逃げないアイスラップのほうがおすすめです。

患部に氷嚢(または氷と水を入れたビニール袋)をあて、専用のアイスラップなどを使って圧迫しながら固定します。完成したら、患部が心臓よりも高い位置にくるようにして安静にしましょう。**20分間はそのままにしてください。**

※30分以上行うと悪化するという報告もあります。長時間行うときはドクターに相談してください。

膝(外側)

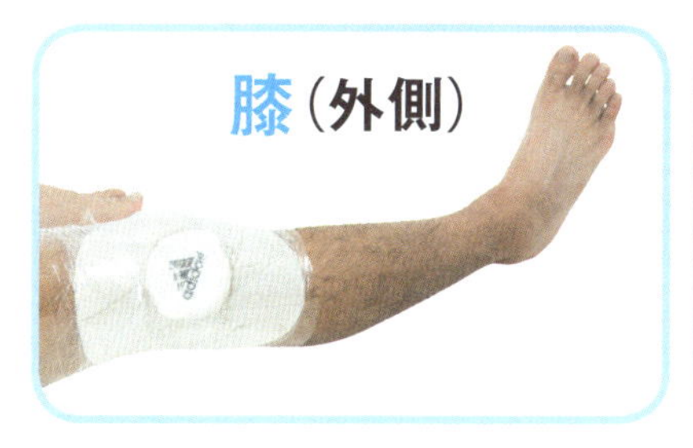

膝(内側)

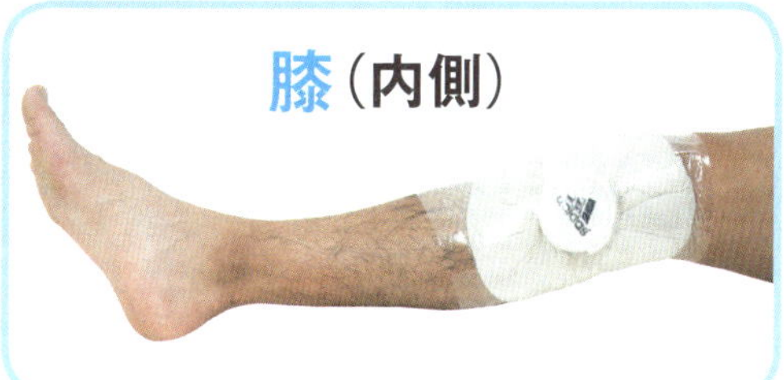

など…

アイスバス・交代浴

アイスバス

トレーニング後にアイスバス（水風呂）で下肢を冷やすことで、リカバリーを早めることができます。冷却することで血管が収縮し、体液が皮膚から体幹のほうへと移動し、過度な炎症を抑えてくれます。

アイスバスの温度と入浴時間のガイドライン

利用温度	入浴時間
18度以上	30分以下
15～18度	20～25分
12～15度	15～20分
10～12度	12～15分
7～10度	8～10分
7度未満	避ける

交代浴

とくに下半身の疲労のみが取れないとき、ひどく疲労しているとき、90分～2時間以上の高強度の練習後には、交代浴を行うとリカバリーを早めることができます。全身を湯船（40～45度）で温めたあと、下半身のみを水風呂（15～20度）で15～30秒ほど冷やす、再度湯船で30～60秒ほど温める。これを5～10セット程度繰り返します。血管の拡張と収縮を繰り返すことによって、疲労物質を素早く除去することができます。自宅で交代浴を行うのは難しいと思いますが、レースに出場した日や、高強度の練習を行った日は、水風呂のある銭湯などに行って交代浴をしてみてください。

出雲駅伝の翌々日の練習後に、交代浴（向かって左が湯船、右が水風呂）で疲れを取る選手たち。左から花田凌一選手（1年）、内田翼選手（4年）、田村和希選手（3年）、鈴木塁人選手（1年）、橋詰大慧選手（2年）。

Q1　青トレ3年目で自分の走りはどう変わった？
推進力が増してきました。

Q2　ストレッチで体はどう変わったか？
故障しない体になりました。

Q3　バランスボールトレーニングで体はどう変わったか？
体のバランスが常に良い状態になりました。

Q4　自分の走りの“ここ”を見てほしい！
見ている人を興奮させたいので、期待も込めて「見ている人がワクワクする走り」。

Q5　2016-17シーズンのチームはどんなチームか？
昨年度を超えるチームです。

Q6　今季のキーマンとその理由は？
2年生の梶谷瑠哉。今季、安定して調子も良く、力をつけてきている。駅伝を走れれば、チームの大きな力になると思うから。

Q7　このチームでの自分の役割をどう考える？
精神的支柱。

Q8　これまでの競技人生で一番つらかったことと、それをどうやって乗り越えたか？
夏合宿で脱水状態になったとき。水分補給のやり方を見直して、気持ちは落ち込ませず、前を見て取り組むことで乗り越えました。

Q9　自分にとって最高のランとは？
自分自身が満足して、周囲の人も興奮させられることができたら、それが自分にとっての最高のランです。

Q10　ランナーとしての将来の目標は？
2024年のオリンピックのマラソンでメダル獲得。

田村和希

Kazuki Tamura

たむら・かずき（3年）
1995年7月16日、山口県岩国市生まれ。西京高校。身長167㎝・体重50kg・シューズのサイズ26.0㎝・血液型O型

5

MEAL & HYDRATION

食事と水分補給

POINT 1

高強度・長時間の練習後には高糖質食を摂る

高強度・長時間の練習のあとに体が動かなくなるのは、乳酸が多量に蓄積されたからではありません。疲労困憊で体が動かなくなるのは、エネルギー源である糖が体内から失われてしまうからです。乳酸も立派にエネルギー源として使われるものなので、疲労困憊のときには乳酸も体内に残ってないということが考えられます。糖が不足することで疲労困憊になるのであれば、体内に蓄積させればいいということになりますが、糖をたくさん溜め込んでおくというのは難しいことなのです。

個人差はありますが、通常、体内の糖の量は一定に保たれるようになっています（血液内の糖は1ℓあたり1g、筋肉と肝臓の糖《グリコーゲン》は500g程度）。20㎞程度の距離であれば糖が残っている状態なので、たいていの人の場合、ハーフマラソン程度の距離であれば体内の糖を使って走ることができます。

しかしアスリートランナーや、フルマラソンで自己記録の更新を狙いたいというランナーの場合はそうはいきません。緊張やストレスによっても糖は余計に消費されます。大会に出る、慣れない環境で走るということは、その分、ストレスがかかります。走る距離・時間が長く、スピードも速いとなれば、糖はかなり消費されてしまいます。

長距離走では、体内の糖をどれだけ長く保てるかが重要なのです。体内に糖を溜め込んでおくのは難しいと前述しましたが、練習後の栄養補給のタイミングによって筋肉内のグリコーゲン量はある程度まで増やすことができます。筋肉内のグリコーゲン量を増やせれば、レース後半でも体内に糖が残っている状態を作り

出せます。アスリートランナーにとって、糖がいかに大切なものなのかわかっていただけたでしょうか。

どのように筋肉内のグリコーゲン量を増やすか説明しましょう。まずは、糖を多く消費する高強度・長時間のトレーニングを行います。そして、体内に糖が枯渇している状態になった練習直後に高糖質のものを摂取します。この繰り返しを行うと、少しずつですが筋肉内のグリコーゲン貯蔵量を増やすことができるのです。糖質を高強度・長時間の練習後早期(30分以内)に摂取したほうが、2時間後に摂取するよりもグリコーゲン貯蔵レベルが高くなることが証明されているので、なるべく早く高糖質のものを摂取しましょう。糖質が多めに入っているエネルギー系ゼリー飲料でもOKです。練習後には水分、電解質も多く消費されているので、水分、ナトリウムもあわせて補給してください。

POINT 2

食事は練習後2時間以内が理想

リカバリーのことを考えると、練習後2時間以内に食事をすることが理想です。青学ではこれが徹底されています。男性アスリートの場合は、持久系トレーニングのあと、たんぱく質を摂取するとリカバリーの促進に有効に働くという研究データが出ています。メインの練習が終わった2時間以内に、高たんぱく・低脂肪の食事を摂るようにするとリカバリーがスムーズなものになるでしょう。

アスリートに限ったことではありませんが、普段の食事ではバランス良く栄養を摂取することが大切です。糖質、たんぱく質、脂質、ビタミン、ミネラルの5大栄養素を、毎日の食事でしっかりと摂るようにしましょう。

高たんぱく・低脂肪の食事をするには、アミノ酸スコアの高い食品、とくにアミノ酸スコア100のものを意識して食卓に並べるといいでしょう。

アミノ酸スコア100の食品例

鶏卵、牛乳、ヨーグルト、マグロの赤身、鮭、鶏のささみ、豚肉など

POINT 3

サプリメントを摂る必要はある？

必要な分のたんぱく質が食事で摂れていれば、基本的にサプリメントでプロテインを摂取する必要はありません。偏食をせずに、アミノ酸スコア100の食品を積極的に摂るようにしていれば十分なはずです。しかし、BCAA（分岐鎖アミ

ノ酸のバリン、ロイシン、イソロイシン）を摂取することは、メリットがある可能性が高いと言われています。アスリートは免疫系の働きが抑制され、感染の影響を受けやすくなるのですが、ＢＣＡＡは免疫機能を改善するのに有益であるとされているのです。

プロテインに限らず、ビタミン、ミネラルなどのサプリメントに関しても、あくまでも補助食品として考えるといいでしょう。まずは、日々の食事でバランス良く栄養素を摂ることを心掛けてください。

POINT 4

水分補給は本当に足りている？

アスリートにとって水分補給が重要だということは、みなさんご存じのことだと思います。練習中、レース中に、こまめに水分補給をしているという方は多いのではないでしょうか。しかし、あらためて本当に水分補給が足りているのかを確認してみてください。

体の水分量が足りていないと、当然、パフォーマンスに影響が出ます。体内の水分量が減ると、血液がドロドロした状態になります。すると、流れが悪くなり筋肉に送られる血液の量が減少します。それでも体を動かすので、ポンプである心臓は心拍数を上げて血液を必死に送ろうとします。当然、息が上がり、苦しくなります。いつも通りの練習ができない、無理なペースじゃないのにキツいというときは、体が脱水症状を起こしている可能性があります。

脱水症状とは体液が失われ、水分と電解質が不足している状態です。水分が失われると、体内で血液が作れなくなり、血液不足、血流不足が起こります。

血液が行き渡らなくなった結果、ふらふらする、食欲がわかない、集中できない、手足が冷たい、頭が痛いなどの症状が出ます。
　一方、電解質が足りなくなると、人間の体は骨や筋肉から、不足分を補おうとします。すると、脚がつる、痙攣する、感覚が鈍くなりしびれる、力が入らなくなるなどの症状が出てきます。
　脱水症状は、高張性脱水（体液の浸透圧が高くなるタイプ）、等張性脱水（体液の浸透圧が正常なタイプ）、低張性脱水（体液の浸透圧が低くなるタイプ）の3つに分けられます。
　これらは脱水になったときに、水と電解質（おもにナトリウム）のどちらが多く失われたのかを表しています。
　高張性脱水は、電解質よりも水が多く失われて体液の濃度が高くなっている状態です。これはのどが渇くことで認識することができます。
　電解質と水がほぼ同量に失われているのは等張性脱水。下痢をしているとき、嘔吐をしたときは一気に体液を失うのでこのタイプになります。
　水よりも電解質が多く失われて、体液の濃度が薄くなるのが低張性脱水。運動

をしていても水だけを補給する習慣のある人が陥りやすいタイプです。水は補給しているため、のどの渇きをあまり感じないので、このタイプが最も危険と言えるかもしれません。電解質が失われているので、最初は倦怠感や疲労のような症状を感じ、痙攣にいたるケースが多いのが低張性脱水の特徴です。

POINT 5

普段からできる脱水症状の予防

水分を摂ることも重要ですが、電解質も同時に失われているので、体液が薄まらないようにすることが大切です。

スポーツドリンクや経口補水液のようなバランスの取れた電解質の入った水分を補給する、塩飴をなめる、毎日、最低でも1杯の味噌汁を飲むことで予防できるでしょう。

また、練習時の水分の摂り方にも工夫が必要です。気温、湿度、運動量、個人差もあるので、1つの目安として捉えていただければと思いますが、まず運動前に最低でもスポーツドリンクや経口補水液を300㎖補給しておくと良いでしょう。

このとき、一気に300㎖を飲み干すと吸収できないおそれがあるので、30分ほどかけて少しずつ補給してください。運動前1時間を切ったら、10分に一口を目安に、運動を開始したら20分に1回を目安に補給を続けましょう。

運動後30分以内に尿が出ない、または尿の量が少ない、尿の色が濃い（黄色～茶色）であれば、運動前・運動中の水分補給が足りていないという目安になります。運動後に明るい色・極薄い黄色・透明の尿が十分に出ていれば、水分が足りているということなので、それを目指して水分補給をしてください。

5人の未来のエース候補

THE FUTURE ACE CANDIDATE

最強世代と言われた学年が卒業してなお、今季は「さらに選手層が厚い」と言われる青学駅伝チーム。ここで紹介する次世代のエースたちの活躍こそが、大会の鍵を握っていることは間違いないだろう。

梶谷瑠哉（2年）

Ryuya Kajitani

1996年7月15日、栃木県日光市生まれ。白鴎大足利高校出身。身長162cm・体重48kg・シューズのサイズ25.0cm・血液型A型

Q1 青トレで自分の走りはどう変わった？
高校のときはブレがすごかったが、ブレが弱まり推進力になっていった。

Q2 ストレッチで体はどう変わったか？
筋肉の柔軟性が上がり、疲れが次の日まで残ることが少なくなった。

Q3 バランスボールトレーニングで体はどう変わったか？
リセットされ、バランスが取れるように。

Q4 自分の走りの“ここ”を見てほしい！
後半のきつくなったところでの粘り強さ。

Q5 2016−17シーズンのチームはどんなチームか？
1人ひとりが立場ごとにしっかり頑張り、チーム全体で力をつけていくチーム。

Q6 今季のキーマンとその理由は？
富田浩之。1年時は故障に苦しんだが2年目から復活し、今、乗っているから。

Q7 このチームでの自分の役割をどう考える？
力をつけてチームに勢いをもたらす立場になっていきたい。

Q8 自分にとって最高のランとは？
今までは最高のランができていないので、残りの大学生活でつくりたい。

小野田勇次（2年）

Yuji Onoda

1996年9月3日、愛知県豊橋市生まれ。豊川高校出身。身長171cm・体重51kg・シューズのサイズ26.0cm・血液型A型

Q1 青トレで自分の走りはどう変わった？
肩甲骨が動くようになり、腕の振りがスムーズになりました。

Q2 ストレッチで体はどう変わったか？
体が柔らかくなりました。

Q3 バランスボールトレーニングで体はどう変わったか？
重心が後ろにあったのが、中心になるようになりました。

Q4 自分の走りの“ここ”を見てほしい！
苦しそうな顔になってから粘るところ。

Q5 2016−17シーズンのチームはどんなチームか？
4年生を中心にまとまったチームです。

Q6 今季のキーマンとその理由は？
森田歩希。4年間出なかった5000mの自己ベストを出して、13分台に乗せてきたから。

Q7 このチームでの自分の役割をどう考える？
タイムが伸びてきているので、チームの主力として戦えるようにならないといけないと思っています。

Q8 自分にとって最高のランとは？
第92回箱根駅伝です。

吉田祐也（1年）

Yuya Yoshida

1997年4月23日、埼玉県東松山市生まれ。東京農大三高校出身。身長163㎝・体重46kg・シューズのサイズ24.5㎝・血液型AB型

Q1 青トレで自分の走りはどう変わった？
終盤になって軸がブレなくなりました。

Q2 ストレッチで体はどう変わったか？
以前は疲労が溜まりやすかったのが、疲労しても抜けやすくなりました。

Q3 バランスボールトレーニングで体はどう変わったか？
腰や股関節の動きがしなやかになり、詰まりがなくなりました。

Q4 自分の走りの“ここ”を見てほしい！
きつくなってからの粘りの走り。

Q5 2016−17シーズンのチームはどんなチームか？
個々の走力もあるが、学年のタテ・ヨコの結束が強いチーム。

Q6 今季のキーマンとその理由は？
自分がキーマンになれるように頑張ります。

Q7 このチームでの自分の役割をどう考える？
1年生なので、チームに刺激を与えられる存在。

Q8 自分にとって最高のランとは？
走っていて「楽しい」と思える走り。

鈴木塁人（1年）

Takato Suzuki

1997年7月23日、千葉県柏市生まれ。流経大柏高校出身。身長174㎝・体重59kg・シューズのサイズ28.5㎝・血液型O型

Q1 青トレで自分の走りはどう変わった？
1年目ですがフォームがキレイになり、軸がブレなくなった。

Q2 ストレッチで体はどう変わったか？
ケガをしにくくなりました。疲れたり、ケガをしそうになると気がつくようになりました。

Q3 バランスボールトレーニングで体はどう変わったか？
体のバランスが安定するようになりました。

Q4 自分の走りの“ここ”を見てほしい！
右手の腕振り（笑）いつも先輩方にイジられているので。

Q5 2016−17シーズンのチームはどんなチームか？
青学らしいチーム。

Q6 今季のキーマンとその理由は？
中村友哉。学年トップの爆発力を持っているから。

Q7 このチームでの自分の役割をどう考える？
いずれは青学の中心になって、さらにエースにならなくてはいけない存在。

Q8 自分にとって最高のランとは？
多くの人をHAPPYにできるラン。

森田歩希（2年）

Homare Morita

1996年6月29日、茨城県守谷市生まれ。竜ヶ崎一高校出身。身長169㎝・体重54kg・シューズのサイズ26.0㎝・血液型O型

Q1 青トレで自分の走りはどう変わった？
上半身が柔らかく使えるようになりました。

Q2 ストレッチで体はどう変わったか？
疲労が溜まりにくくなりました。

Q3 バランスボールトレーニングで体はどう変わったか？
大腿部の故障が減りました。

Q4 自分の走りの“ここ”を見てほしい！
前半から速いペースで走り抜けていくラン。

Q5 2016−17シーズンのチームはどんなチームか？
中間層の成長が著しいチーム。

Q6 今季のキーマンとその理由は？
小野田勇次。下りだけでなく、平地の力もつけてきているから。

Q7 このチームでの自分の役割をどう考える？
上位陣に食らいついて、来年以降チームの柱になれるようにすること。

Q8 自分にとって最高のランとは？
高校3年次の関東駅伝。自分としてもチームとしてもレースで楽しむことができた。

OBインタビュー

1

神野大地

〈コニカミノルタ陸上競技部〉

箱根駅伝の活躍から〝山の神〟と称された神野大地選手は、フィジカルを強化して一気にその才能が花開いた選手だ。在学時にケガに苦しんだ時期でも社会人になってからも、青トレを欠かさずに行い、新たな目標に向かって突き進んでいる。

これまでの常識を覆す青トレとの出会い

――青トレがこれまでのフィジカルトレーニングと異なっていたのはどんな点ですか？

神野　僕が大学3年生のときに中野さんが来てくださったのですが、最初は青学の選手も、真剣に取り組む選手と、とりあえずやってみるかという考えの選手とに分かれていたと思うんです。僕は、中野さんが話すことに説得力を感じたので、やっていけば変わると信じてなんとか続けていこうと思いました。最初は全然、感覚がつかめなかったのですが……。

でも、3カ月後くらいには走りに変化がありました。青学ではポイント練習時にいつもマネジャーがビデオを撮っていて、それを食事のときに見るのですが、自分の走りを見て、明らかに以前よりも体幹が安定しているのがわかりました。実際に競技力も伸びてきましたし、これは良いトレーニングなんだと実感できたのです。どんどん強くなりたいという気持ちが強かったので、そこからは中野さんに教えていただくことを本当に真剣に聞いて、真剣に取り組んでいきました。

それまでは青学でも、腕立て、腹筋、背筋など一般的な補強トレーニングをしていて、それが陸上界の常識だと思っていたので、それに疑いを持つこともありませんでした。

中野さんは、最初に〝こういう走りにしたい〟という理想の形があり、その次に、そのためには〝ここの筋肉を鍛えなければならない〟という理論が来て、最後に、〝では、どういうトレーニングをすればいいのか〟とい

神野大地（かみの・だいち）
コニカミノルタ陸上競技部所属。1993年9月13日、愛知県津島市生まれ。
中京大中京高校 → 青山学院大学。身長165㎝・体重45kg・シューズのサイズ25.0㎝・血液型AB型

う手順で説明してくれます。だから、何のためにこのトレーニングをするのか、納得したうえで選手もトレーニングに取り組めます。

また、どういうトレーニングをすればいいのかは、正解を教える前に、学生に話し合わせるんです。学生がさんざん悩み抜いたうえで、中野さんが教えてくれるので、みんなもすっと頭に入ってくるんですね。頭で理解したうえで取り組むのと、そうでないのとでは全然違うと思います。

――4年目にケガをしたときにも、積極的にフィジカルの強化に努めていましたが。

神野　コアトレーニング以外にも、ストレッチやバランスボールを使ったトレーニングを教えていただいたので、取り組んでいました。故障していないときも、ストレッチは毎日必ずやるようにしていましたが、やれば絶対に故障も少なくなりますし、ケガをしているときは、少しでも回復が早くなるというイメージを持ちながらやっていました。

また、普段であれば、フィジカルトレーニングと走るトレーニングと両方に時間をかけるのは難しくて、7~8割はどうしても走るトレーニングに時間を費やすことになるのですが、ケガをしているときは10割をフィジカルトレーニングに費やすことができました。できることをできるときにやっておこう。今やっておけば、走れるようになったときに、また走りが変わるだろうという思いでトレーニングをしていました。やはり走れないことが一番つらかったですし、〝走りたい〟という思いが強かった。キャプテンも務めていたので〝このままではいけない〟という思いがありましたね。

――ケアへの意識も大きく変わりましたか？

神野　はい。たとえば、ストレッチであれば、ストレッチをする順番も大事だということを教わりましたし、ハムストリングを伸ばすにしても、内側と外側とをしっかり伸ばすなどしています。細かいところまで、体全体がケアできているのを感じます。毎日、寝る前にストレッチをしているのですが、やるのとやらないのとでは、朝のスッキリ度がまったく違います。だから、僕は30分の睡眠よりも30分のストレッチをとっちゃいますね。もちろん、睡眠も大事にしていますが。

アイシングもほぼ毎日やっています。それまでは氷嚢をバンドで適当に巻いていた程度でしたが、ちゃんとした方法とその理由を教えてもらったので、やるようにしています。

もちろん、それでケガがゼロになるわけではありませんが、ケガをするリスクは減らせます。最善の努力をしたうえでケガをするのは仕方ないにしても、努力もせずにケガをするのが一番もったいないと思います。
僕は4年生のときに故障してしまいましたが、青トレを取り組んでから確実にケガは減っていますし、実業団に入ってからは一度もケガをせずにトレーニングができています。地道にやってきた成果が出ているのだと思います。トレーニングは継続して取り組むことが大事。それが力になっているのを感じます。

――実業団に入って、他大学出身の選手とギャップを感じることは？

神野　青学の場合、走る前は動的ストレッチ、走ったあとは静的ストレッチをするのが基本でしたが、今のチームはそれと違ったので、正直、とまどった部分もありました。
でも、僕はそれに合わせるのではなく、自分が良いと思ったほうに取り組んでいます。
また、チームにはトレーナーがいて毎週フィジカルトレーニングの時間があるのですが、幸いにして監督も僕の意見を尊重してくださいますので、僕は継続して青トレを取り組んでいます。

受け継がれた青学大の組織力

――神野選手ら最強世代といわれた学年が抜けても青学が強い要因はどこにありますか？

神野　フィジカルトレーニングと、原監督がメニューを立てている走るトレーニングとが、うまく組み合わさって、みんな成長できているんでしょうね。コニカミノルタに入ってから気づいたことですが、青学は実業団のトップチームと同じくらい質の高いトレーニングを

しているんです。もともと走りの面でも良いトレーニングをしていたのが、そこに良いフィジカルトレーニングもするようになったので、より厚みが増したんでしょうね。

それに組織力があるチームになりました。みんな、やらされる練習ではなくて、〝強くなりたい〟という意志を持って練習に取り組んでいるんですね。そういう良い雰囲気があるんです。だから、監督が不在のときでも、練習がうまくまわるのでしょう。

僕が4年生のときの1年生も、最初は〝この代は大丈夫かな〟と心配になったものでしたが、今では何人かが大学トップレベルの水準にまで成長しています。3年生の下田裕太も高校時代は5000mのベストが14分40秒近くかかっていた選手ですが、今ではチームのエースです。高校時代にそんなに力がなくても、ちゃんと成長できる組織なんですね。そういう成功体験を、先輩が後輩に伝えていくことで、〝自分もできる〟という気持ちにさせ、練習にも一生懸命に取り組むという好循環が生まれるのだと思います。

それに、〝チャラい〟などと言われることもありますが、寮のルールなど生活面は、どの大学よりも厳しいと思いますよ。

あとは原監督の言葉の力でしょうね。選手を乗せるのがうまいので、うまくチームの歯車が噛み合っているのだと思います。

2020年は最大の努力を積んで挑む

——神野選手の今後の目標を、短期、中期、長期の視点で、それぞれ教えてください。

神野　1年目は5000mと1万mの自己ベストを出して、ニューイヤー駅伝のチームの優勝に貢献することが目標です。2種目ともベストを出すことはできたので、駅伝でもしっかり活躍したいです。
　2年目からは、マラソンに挑戦したいと思っています。学生のときにも初マラソンの話はあったのですが、100%の準備をしたうえで臨みたいと思っていました。こんなことを言うと「無理だろう」と言う人もいると思いますが、僕は日本記録を出すくらいの準備をして、初マラソンのスタートラインに立ちたいと思っています。今もそのつもりで、練習に取り組んでいます。
　2年目以降もマラソンでしっかり結果を出して、2020年の東京オリンピックの選考レースでも安定して力を発揮したい。東京オリンピックのマラソンでメダルをとるというのが、自分の陸上人生の最大の目標です。そのあとのことは、そのときにならないと正直わかりませんが、オリンピックでメダルをとったら、引退しようと思っています。それくらいの覚悟を持って、やれる努力を全部やったうえで臨みたいと思っています。
　引退してからも陸上には絶対に携わりたいです。自分の陸上人生で得た知識や原監督や中野さんから学んだことを今度は自分がたくさんの選手に伝え、これまでの陸上界の常識を変えたいという想いがあります。そして、監督でも箱根駅伝で優勝したいですし、一番は原監督のあとを任せてもらえたらと思います。まあ、今の時点では、そこまでの想像はつきませんが……(笑)。

神野選手の1日のスケジュール

5:20	起床 バランスボール、動的ストレッチ、軽くウォーミングアップ
5:55	朝練習 月・火・木・金は合同走(50分ジョグ)、水・土は各自 朝練習後にもケア
7:15	朝食
8:30	出社 業務
14:00	退社
14:30	午後練習 ポイント練習時は競技場へ移動。各自ジョグの日は、コアトレーニング、バランスボールなどをやったあとジョグ
17:30	シャワー、交代浴 入浴後、ストレッチを20分
18:30	夕食 自由時間
21:30	就寝前にストレッチ30分
22:15	就寝

※ 水曜日は、午前中にポイント練習があり、午後は治療などに充てる。
※ 土曜日は午前中にポイント練習。
※ 日曜日は完全休養日。「少しでも体を動かしたほうがいいという意見もありますが、日曜日は陸上から離れるようにしています。そうすると、夜になって“走りたい”という欲が出てくるので、それを月から土に使っています。日曜日はいわば、心を充電する日です」

OBインタビュー

2

渡邉利典

〈GMOアスリーツ〉

青学最強世代にあって渡邉利典選手はなかなか表舞台に立てずにいた。しかし、3年目に一躍ブレイク。2016年の箱根駅伝連覇には欠かせない戦力になった。次に求めるのは個人の結果。新興チームで2020年の頂点を目指す。

2軍から這い上がりチームを強豪に押し上げる

――中学時代から全国大会に出場するなどの活躍をしていましたが、最強世代と呼ばれた学年で、自身の立ち位置をどのように考えていましたか？

渡邉　自分は中間層の選手だというイメージが強かったです。ただ、上の選手ばかりが強くなっても、長期的に見たらチームの成長はないと思っていたので、上を脅かす存在になりたいという思いは持っていました。

入学したときはそんなふうには考えていませんでした。ですが、同級生の久保田和真、神野大地、小椋裕介といった選手が1年時から活躍していたのに対して、僕は1、2年時と箱根駅伝を逃し、彼らにスタートダッシュで負けてしまったと思っていました。自分の可能性をまったく信じていなかったのでしょうね。チームはどんどん強くなっていきましたが、自分はきっと駅伝のメンバーに入れないんだろうなと、あきらめの気持ちがありました。

――転機はどこにあったのでしょうか？

渡邉　2年時の3月、日本学生ハーフマラソン選手権ですね。2年の10月から2軍選手が住む第2寮で生活を送っていたのですが、1軍の選手に見られないところでひっそり練習を積んで、大きい大会でびっくりさせてやろうと思っていたんです。こっそり努力をするのが好きなので（笑）。

第2寮は狭い部屋に5人が共同生活を送るので、当然、ストレスもありましたが、見返してやろうという思いで過ごしていました。

渡邉利典（わたなべ・としのり）
GMOアスリーツ所属。1993年6月27日、宮城県仙台市生まれ。
東北高校 → 青山学院大学。身長169㎝・体重57kg・シューズのサイズ28.0㎝・血液型B型

そして、学生ハーフで学内1位を獲ることができたんです。それで、たとえ2軍であっても、ナンバーワンにこだわり続けていけば、そこに近づけるということを知ることができました。1、2年時は悔しさしかなかったのですが、残り2年は下から追い上げるしかないという思いで競技に取り組みました。

そして、3年時からは中野さんが来てくださるようになるのですが、身近なところに原監督であったり、中野さんであったり、ナンバーワンを目指そうという熱意ある大人がたくさんいたのは大きかったと思います。僕にとっての学ぶべき存在でした。

そういった1、2年時を経て中野さんにトレーニングを教わるようになったのですが、最初は僕も半信半疑でいました。体のことなどまったく無知でしたが、トレーニングの組み立て方や科学的な実証を学んだり、自分で考えたり、行動したりと一連の流れを実体験していくうちに、次第に能力も上がってきました。これならエース級に追いつけるぞ、と考えられるようになりましたね。

——青学大は以前から、新しいことを積極的に取り入れている印象がありました。

渡邉　そうですね。新しいことに取り組もうとすると、必ず否定する人もいると思うんです。たしかに、先に結果が出ている取り組みであれば、それは正解なのかもしれません。しかし、他の誰かがやってからでは、すでに遅れをとっていると思うんです。失敗はもちろんあったと思うのですが、青学は失敗を繰り返しながらも、誰もやったことのない新しいことに挑戦してきたチームというイメージがあります。今、所属しているGMOアスリーツもそういうチームなのですが（笑）。

走りが良くなり 疲労が溜まらなくなった

——青トレが始まって、具体的にどのような変化があったのでしょうか？

渡邉　一番は疲労感ですね。今までは翌日に疲労が残ることがけっこう多くて、休みの日がくるのが待ち遠しかった。ですが、中野さんのトレーニングはそもそも、疲労を溜めないようにフォームを良くしたり、体への衝撃を感じないような体を作ったりしていくことが、前提にありました。つまり、「走りが良くなる＝疲労が溜まらない体が作られていく」ということでした。

また、疲労の取り方も科学的な根拠のある

もので、水風呂や交代浴、アイシングなどいろいろな方法を教えてもらいました。これも大きかったと思います。

　効果はすぐにありました。長距離は練習強度が大きいので練習時間が短いのですが、その分、次の練習までの過ごし方が重要なんです。その時間、何もしないのと、ケアをちゃんとして過ごすのとでは、当然、ケアをした人のほうが疲労の回復は早くなります。それを365日繰り返すわけですから、どんどん大きな差になっていくのも当然のことですね。継続が何よりも大事な競技ですから。長距離に大切なのは、「そこなんだ!」と気づかされました。強くなるにしたがって練習強度は上がっていきますが、それに比例して、疲労を取り除くことの重要度も上がります。

　下級生のときと比べて、3、4年時はほとんど故障をしなくなりました。理に適ったことをやっている結果だと思うのですが……。原監督もよく言うことですが、情報収集も大事なことだと思います。

――そして、3年目、いよいよ箱根駅伝で出番を迎えます。状態も良くなり、箱根を走れるという確信は、早くからありましたか?

渡邉　うーん……5日前くらいですかね。選手層も厚くなってきていたので、絶対に走れるという保証なんてありませんでした。だから、運もあったのでしょうね……。

――初の大舞台で重責も感じたのでは?

渡邉　それが全然、感じていなかったんですよ。僕はそもそもスポーツに興味がないタイプだったので、箱根駅伝が大きな大会だという捉え方をしていなかったんです。

　でも、いざ走ってみると、ただタスキをもらって渡すだけの競技じゃないってことがわかりました。タスキの重さを感じたんです。選ばれた10人が2日間で200㎞超を走るという、その深さに気づかされました。

―そして、チームは初優勝し、一躍脚光を浴びました。

渡邉　でも、悔しかったですね。やはり神野の快走があったので、〝山の神〟の力が大きかったという印象が残りました。それに、僕が走った3区の時点ではまだトップに立っていなかったので、実際に神野に救われた部分もありましたから。〝来年こそは自分の力で優勝を勝ち取ろう〟と思いましたね。

そして翌年は、10区を走って優勝できました。楽しかったですね。10区を走らせてくれた監督にも感謝しています。でも、走り終わった瞬間から、これが人生のピークになってはいけないという思いが出てきました。これは団体競技の結果だから、個人でこれ以上の結果を出せよ、と言い渡されたような気がしました。それが今後の自分に課せられたことです。

具体的に描いている世界一への道筋

―箱根駅伝のあとには、2月の東京マラソンで初マラソンにも挑みました。

渡邉　ゴールは箱根駅伝じゃないという気持ちがずっとありましたし、２０２０年の東京オリンピックに向けて、誰よりも早くスタートを切りたかったんです。だから、学生のうちにマラソンを1本走っておきたかった。ただ、卒論もありましたし、ピークを箱根駅伝に合わせていたので、疲労が出てしまいました。結果は2時間16分01秒でしたが、自分の能力が足りないというのもわかりましたし、マラソンはそんなに甘くないということも知れたので良かったと思います。また頑張ろうと思えました。

――今後の目標を教えてください。

渡邉　GMOでは究極の目標、一生追い続けていく夢を立てます。僕の場合、それは、陸上を通して、笑顔と感動を与えられる選手になるということです。そのツールとして、東京オリンピックがあります。やはり自国での開催ですから、日本人が一番走れていたら注目もされるじゃないですか。自分の中でも、東京オリンピックを大きな転機にしたいと思っています。僕は、やはりマラソンで挑戦したいですね。

GMOの熊谷正寿代表がこの企業グループを作ったのも1冊の手帳から始まりました。僕たちGMOアスリーツの選手も、夢を実現するための具体的な道筋を描くために、夢手帳というものをつけています。東京オリンピックで一番になるために、まずは2018年の東京マラソンで外国人選手についていき、日本記録を更新したい。そして、2019～2020年の東京オリンピックの選考レースでは一番になることだけを目指したい、そういった計画を立てています。

そのための今があります。今も週に1回は中野さんのスポーツモチベーションに通っていますし、青トレを継続しています。2016～2017年は、とにかく自分が正しいと思う道を模索して、花田勝彦監督とも話し合いながら、新しいこともどんどんやっていきたいと思っています。

渡邉選手の1日のスケジュール

5:00	起床
5:15	動的ストレッチ
5:30	コアトレ
5:40	ウォーミングアップ
6:00	朝練習
7:10	水風呂
7:25	静的ストレッチ
7:45	朝食(クラブハウス)
9:00	出社 英会話 or IT研修 or 夢手帳の記入
11:30	昼食(自炊)
12:30	ケアorストレッチ 自主勉強
15:00	午後練習
18:30	夕食(クラブハウス)
19:30	読書or仕事→風呂→ストレッチ
22:00	就寝

※月曜日から金曜日(火曜日を除く)はフルに練習。

※火曜日は出社日。9～14時に出社し、14時過ぎにスポーツモチベーションへ。

※土曜日の午後と日曜日は練習がないが、起床時間、就寝時間は普段と変えない。また、日曜日の朝練習は各自に任されており、完全休養にもできるが、渡邉選手は完全オフの日は作っていない。

青学駅伝チームを支える衣食住

"一流が一流を呼び込む"

Q 原監督、チームを取り巻く環境は、この13年で変わりましたか。

A やはり、並みいるライバルの中から勝者になるには、勝者の技術、勝者のフィジカル、勝者の精神が必要だと考えます。それらを生むのが、実生活の環境ではないでしょうか。思えば、13年前、安定したサラリーマン生活を捨てて、妻と2人で上京した際には、まさに裸一貫からのスタートでした。もちろん、そのときからサポートしてくださる方もいましたが、学生寮や練習場所などの環境は整っておらず、まさに荒野を耕すところから始めました。土を耕し、種を蒔き、苗を育てて、収穫する。言葉にすると簡単ですが、紆余曲折、試行錯誤の13年間でしたね。

その実生活の基本となるのが、衣食住ではないでしょうか。「目標管理シートの活用方法」でも書きましたが、競技力と生活力は比例します。「チャラい青学」という言葉を私も使うことがありますが、根本のところでは自分自身を律する克己の精神がないと、厳しい勝負の場面に立たされた際に、力を発揮することはできません。実際、年を追うごとに、学生たちの意識は変わっていきました。かつては、どう門限を破らせないかに腐心していた時代もありましたが、今では次の日の練習に臨む体調を考え、私が目を配る必要もないくらいに自己管理をするチームになりましたね。

そうなると、さらに本物の企業・本物の製品をご支援いただく機会が増えていきました。私が言う「本物」とは、「有名・無名」という区分ではなく「真摯に物事に向き合いながら向上心を持って取り組んでいるかどうか」という意味です。私は常日頃、「類は友を呼ぶ」「一流が一流を呼び込む」と思っています。

ですので、このような環境に感謝しつつ、決しておごることなく、今後も一流の方々に、一流の製品をご支援いただけるようなチームでありたいと強く思っています。

“スポーツ用品メーカー以上のサポート”

青学駅伝チームの〝衣〟を支えているのは、2013年から、パートナーシップ契約を結んでいるアディダスジャパンだ。ユニフォームやシューズの提供をはじめ、スポーツ用品の共同開発やスポーツマーケティングの共同研究のほか、スポーツを通じた国際交流もサポートしているという。

そして、原監督が走るトレーニング以外の部分での強化方法を模索していたときに、中野ジェームズ修一氏を紹介される。2014年の春から、コアトレ、動的ストレッチ、静的ストレッチ、さらに、本書のリカバリーメソッドといった〝青トレ〟を構築していったのだ。

「まさに、わがチームにとって運命的な出会いでした。物品の提供はもちろんですが、それ以外のところもありがたいですね」（原監督）

たとえば、これまでも女子マラソンの高橋尚子さんや野口みずきさんなどの選手の足元をサポートをしてきた、アディダス契約のシューズ職人、三村仁司氏に選手の一人ひとりの測定と制作をやってもらっていると原監督は話す。

「測定だけでなく、『左足に比べて右足の筋肉が少ないから、トレーニングをしてバランスを良くしたほうがいい』などの細かなアドバイスも非常に貴重ですね。男子マラソンの元世界記録保持者で〝皇帝〟と呼ばれたハイレ・ゲブレセラシェ選手を呼んでいただいたこともあり、寮で講義をしてもらいました」

学生たちも大きな刺激を受けていたというが、ほかにも選手たちのモチベーションを大きく上げるプロモーションムービーも毎年、制作されている。

「はっきり言って、スポーツ用品メーカー以上のサポートかもしれません。実業団と同じか、それ以上のサポートであると、チーム全員が実感しています」（原監督）

選手にとってウェアやシューズは体の一部。その質はパフォーマンスに直結する。

“選手のパワーの源・白米”

青学駅伝チームの〝食〟を支えているのは、ズバリ、白米だ。日々、長距離を走る彼らにとって、食は重要な要素であるが、米はエネルギーをチャージしつつ、たんぱく質も摂れる効率のいい食材。寮母を務める原監督の奥さん、美穂さんはこう話す。

「ありがたいことに市販のものから、『夫婦で丹誠込めて作りました』という自家製のものまで、お米の差し入れをよくいただきます。現在、町田の寮では40人が生活しています。陸上の長距離選手たちなのでドカ食いはしませんが、お米は毎食7升ほど炊いています」

現在、青学では、朝夕と選手全員がそろって食事をすることが通例となっている。

「与えられたものは残さないのが原則で、そのうえで楽しく会話をしながら、選手全員で食べることを心掛けています。練習中やグラウンドでは話せないことも、リラックスしている食事中には話せることも。あとは、やはり、白米を食べるようにしています。パンよりもハイオクで走ることができますから」（原監督）

その、パワーの源を美味しく炊く新兵器として、パナソニックから提供してもらったというのが、最新のジャー炊飯器。「米が1粒1粒立っていて、しかも最後まで冷めないので、ホント美味しく食べています」（中村友哉選手 1年）など、下級生にも人気だと言うが……。

「上級生・下級生が入り乱れての奪い合いになっています（笑）。また、ご飯のおともとして、にんべんさんから、鰹節やふりかけ、そして、お味噌汁やお吸い物のパックをいただいて、学生たちもこぞって食べています」（寮母・美穂さん）

他にも、部の公式ホームページには「御礼ページ」（http://aogaku-tf.com/onrei/2016/onrei.php）として、様々な方々からの差し入れ紹介ページがある。そんなところも実に青学らしい。

選手たちの行列ができるという「スチーム＆可変圧力IHジャー炊飯器 SR-SPX186」。米を研ぐ寮母の美穂さん。

美味しいご飯に吉田祐也選手（1年）からも自然と笑みがこぼれる。

“選手を支える目に見えないサポーター”

青学駅伝チームを支えているのは、目に見えるサポートばかりではない。監督や選手たちが住んでいる町田寮には、「良水工房」という全館浄水システムが、2015年の夏から導入されているという。原監督は話す。

「簡単に言いますと、よく家庭の台所についている浄水用カートリッジの何倍もの大きさのものが、寮の水道の元栓についています。それにより、台所の水も、お風呂の水も、洗濯の水も、水道水のミネラル分だけ残し、不純な錆などの化学物質や塩素を下限値まで除去した水が出るのです。飲んでも美味しくなったと感じます」

水分補給の大切さは、中野氏の解説にもある通りだが、人間の体内の70％を占めると言われる水の質が上がることは、選手たちにとってもプラスになっているという。

「僕は毎日2ℓ以上の水分補給をするのですが、以前はカートリッジのついた台所の水をくんで飲んでいても、お腹をくだしていました。ところが、昨年の夏以降、くだすことがなくなりました」（茂木亮太選手 4年）

また、水の質が向上することで、それを使用して炊く米や、お茶やコーヒーも美味しくなったと、寮母の美穂さんも明かしている。

そして、飲み水はもちろんだが、CHAPTER4でも紹介した通り、アイスバスや交代浴による疲労回復はとても重要になってくる。

「以前は風呂に入った瞬間、モワッという感じの臭いと、髭をそってもピリピリ感がありましたが、それが無くなったように感じます。また、精神的にもリフレッシュする大事な時間ですから、そこの質が上がることは大変素晴らしいことだと思います」（原監督）

まさに、水の環境は青学駅伝チームを支える見えないサポーターだ。

水分補給はアスリートにとって非常に重要。写真は左から茂木亮太選手（4年）、吉永竜聖選手（3年）、伊藤雅一マネージャー（3年）。

入浴時間は選手たちにとって貴重なリラックスタイム。

日本スポーツを青トレが変えていく

EPILOGUE TALK

青山学院大学陸上競技部 監督
原 晋

×

フィジカルトレーナー
中野ジェームズ修一

――前年度とはまた違ったチームの強さが見られます。最強世代と言われた学年が卒業しても強い理由は何ですか？

原　陸上に向き合う選手たちの姿勢に、より重みが出てきたというのがあります。我々は、日本一のトレーニングノウハウを持っていると思っています。選手たちも、うまくレールに乗れれば、自ずと成長できる仕組みになっています。それができるのも、大前提として学生たちが競技に真摯に向き合って、我々を信用して取り組んでいるからです。わがチームながら、すべてにおいて、大学ナンバーワンの組織体制に仕上がってきたという印象があります。

中野　今の青学は、一人ひとりが自律を持って行動していますし、私も以前ほど口うるさく言わなくなりました。選手個々に〝自分たちでこの組織を強くしていこう〟という意識があるのを、選手と話していても感じますね。最初は、私たちが全部、手取り足取り教えていたものを、少しずつ、先輩が後輩に教えるようになってきました。こうやって青トレが代々受け継がれていくようになると、私たちトレーナーがいなくなっても、チームは自然とまわっていくと思います。

原　監督やトレーナーがいなくても、〝自分たちでできる〟組織ですね。

世界の主流はフィジカルの時代に

――そのうえで、日本の長距離界が苦戦している現在、駅伝は長距離の強化にどのくらい関与していると思いますか？

原　駅伝というのは、日本独自の強化スタイルですよね。出雲駅伝のときに、アメリカのアイビーリーグ選抜のスタッフと話をしたのですが、アメリカには日本のような実業団制度がないから、競技を続けるにはみずからスポンサーを探して自分を売り込まないといけないと言っていました。駅伝がないので、個を高めていかないと評価されない。だから、日本の選手以上に、〝強くなりたい〟という意志は強いでしょうね。

もちろん、日本の駅伝にも良さはあって、中の中から中の上のレベルの選手を育てたり、選手層を厚くしたりするためには良い競技だと思います。ただし、次のステージとして、さらに上を狙うためには、駅伝の指導では限界があり、事実、なかなか世界のトップ選手は育っていません。その育成プランをどう描くかを、今、考え中です。

中野　リオ五輪から帰ってきて、原監督とも話をしましたが、どの競技も明らかに技術や戦略面の競い合いがトントンになってきています。様々な競技に分析チームがいますからね。そこから一歩抜きん出るために必要なのが、フィジカルの能力なのだと思います。

男子マラソンでいえば、さすがに2時間3分台で走られたら太刀打ちできませんが、2時間8分台のレースであれば日本人でもなんとかなるかもしれません。

しかし、ペースに緩急があって、ふるいにかけられていくようなレース展開では、フィジカルの能力がないとついていけません。つまり、圧倒的な身体能力を作っていかないと、オリンピックでは勝てないのです。それは他国のフィジカルトレーナーと話をしても同意見でした。

今、私が青学の学生たちに教えているのは、実はほんの2~3割だけです。本当に世界でマラソンを戦うとなったら、やらなければいけないことはまだまだたくさんあるんです。逆に、やらなければならないことが多いわけですから、次のステップに行ってからアイシングやストレッチの仕方を一から学ぶようでは、その時間はすごく無駄になる。大学は教育の場でもありますから、そういったことは大学スポーツで学ぶべきだと思います。そうなれば、日本のレベルはさらに上がっていくと思うのですが……。

原　現代はケニアの奥地にいても世界各国からいろいろな情報が入ってくるわけですから、国内だけで完結していては勝てない状況になってきているわけですね。

中野　ここが2012年のロンドン五輪とリオ五輪との大きな差でもあります。ロンドン五輪は技術の時代でしたが、リオ五輪は明らかにフィジカルの時代でした。

原　残念ながら、日本の長距離の場合、そこにさえ達していないと思います。我々のところにまで来るのはドーピングの情報くらいで、世界で勝つためのデータや情報は一切ありませんから。

むしろ、我々が取り組んでいるトレーニングが最先端なのかもしれません。

青トレが日本のスポーツを変える

中野　繰り返しになりますが、青トレは、今は徹底することが重要で、徹底しなければ、前にも進めないと思っています。

原　基本に立ち返るように、新年度を迎えると、もう一度ゼロからスタートしています。基本に返らずに、2ステップ、3ステップ先に進めても、中身のないものになるだけと思うんですね。だから、常に原点に帰る。それが勝つための近道にもなる。新たな発見がそこから生まれることもありますし、中身もより濃いものになっていくと思います。

中野　私の中に、今までその発想はありませんでした。どんどん先へ先へ、という考えでいましたから。

しかし、原監督に、1回立ち返らないといけないと言われて「たしかにそうだな」と納得することが多くありました。そういう点でも、青トレで原監督と組むことができてよかったと思っています。

原　講演会などで「次に何をやりたいですか?」とよく聞かれるんですが、〝平成のラジオ体操〟を開発したいです、と答えているんです。しかし、私には体操のノウハウはありません。

ですが、広報活動だったり、発想を出したりはできる。そこで、フィジカルの専門家の中野さんとタイアップして、新しい体操を発信していきたいんです。

いわば文系の私と、理系の中野さんとがタイアップするわけですね。ラジオ体操は1920年代に始まり、もう100年近く経つわけです。若者も楽しく取り組めるように、ダンスの要素を取り入れるなどして新しい体操を作りたい。

中野　ラジオ体操という名目で、日本人の体を強くする体操を作りたいですね。今の若い子たちをはじめ、現代人って、昔に比べて体が弱いんですよね。買い物もパソコンがあればできて、わざわざ出かける必要のない時代ですし、遊びもスマートフォンなどのゲームに夢中だったりして……。体が弱くなるのも当然です。それだけに、体を強くするメニューを考案したいんです。

若いときに、強い体作りをしていると、将来、スポーツに取り組んでアスリートになったときにも伸びる要素になると思うんです。

また、アスリートにならなかった人でも、より充実した健康的な生活を送るベースになると思います。

原 晋（はら・すすむ）

1967年3月8日、広島県生まれ。青山学院大学体育会陸上競技部監督。中学から陸上を始め、広島県立世羅高校では主将として全国高校駅伝で準優勝。進学した中京大学では3年時に日本インカレ5000mで3位入賞。卒業後は中国電力陸上競技部1期生で入部。しかし、ケガが原因で満足な結果を残せず、5年で選手生活を終え、同社の営業部のサラリーマンに。顕著な実績を上げて「伝説の営業マン」と呼ばれる。チーム育成10年計画のプレゼンを買われて、2004年から現職。09年に33年ぶりの箱根駅伝出場、12年に出雲駅伝優勝と成績を上げ、15年の正月に行われた箱根駅伝では青学大を史上初の総合優勝に導き、16年も連覇した。著書に、『魔法をかける―アオガク「箱根駅伝」制覇までの4000日』（講談社）、『フツーの会社員だった僕が、青山学院大学を箱根駅伝優勝に導いた47の言葉』（アスコム）ほか、中野ジェームズ修一氏との共著『青トレ 青学駅伝チームのコアトレーニング＆ストレッチ』（徳間書店）がある。

青山学院大学体育会陸上競技部（長距離ブロック）公式HP
http://aogaku-tf.com/

中野ジェームズ修一（なかの・じぇーむず・しゅういち）

1971年8月20日、長野県生まれ。フィジカルトレーナー、フィットネスモチベーター。アメリカスポーツ医学会認定運動生理学士。日本では数少ないメンタルとフィジカルの両面を指導できるトレーナー。「理論的かつ結果を出すトレーナー」として、卓球の福原愛選手やバドミントンの藤井瑞希選手など、多くのアスリートから絶大な信頼を得ている。クルム伊達公子選手の現役復帰にも貢献した。2014年からは、青山学院大学駅伝チームのフィジカル強化指導も担当。神楽坂にある会員制パーソナルトレーニング施設「CLUB 100」において最高技術責任者を務めている。全国各地で行う「運動の大切さ」「やる気」に関する講演は、年間で60本を超える。主な著書に、『下半身に筋肉をつけると「太らない」「疲れない」』（大和書房）、『世界一やせる走り方』『世界一伸びるストレッチ』（ともにサンマーク出版）ほか、原晋氏との共著『青トレ 青学駅伝チームのコアトレーニング＆ストレッチ』（徳間書店）がある。

有限会社スポーツモチベーション
http://www.sport-motivation.com/

青山学院大学 陸上競技部（長距離ブロック）

メンバー

秋山雄飛
安藤悠哉
池田生成
一色恭志
内田翼
小野塚隆珠
小関一輝
鈴木悠日
田村健人
村井駿
茂木亮太
吉田伊吹
石川優作
伊藤雅一
稲村健太
大越望
大杉柊平
小田俊平
近藤修一郎
貞永隆佑
下田裕太
田村和希
中村祐紀
吉永竜聖
小野田勇次
小野塚久弥
梶谷瑠哉
木村光佑
富田浩之
橋詰大慧
橋間貴弥
林奎介
松田岳大
森田歩希
山田滉介

上村臣平
植村拓未
生方敦也
鈴木塁人
竹石尚人
田辺浩司
仲正太郎
中根滉稀
中村友哉
永井拓真
花田凌一
花輪瑞貴
谷野航平
吉田祐也
福島采
脇田のどか
樋口瑞奈
板倉眞帆
佐野仁美
野村あやか
長島杏佳

部長
内山義英

監督
原晋

コーチ
安藤弘敏
瀧川大地

寮母
原美穂

有限会社スポーツモチベーション
中野ジェームズ修一
佐藤基之
栗城徳識
関守
森本浩之
古谷有騎
廣津千里

STAFF

撮影
安川啓太

構成
和田悟志、神津文人

アートディレクション
須永英司、大杉 学（3.14CREATIVE）

デザイン
山口周三（3.14CREATIVE）

イラスト
うえむらのぶこ

校正
月岡廣吉郎、安部千鶴子（美笑企画）

動画制作
株式会社 素浪人 映像事業部
株式会社 スワラプロ

販売戦略
加藤正樹

宣伝
松本留衣子（徳間書店）

印刷
三宅 萌（図書印刷）

トータルプロデュース
苅部達矢（徳間書店）

SPECIAL THANKS

瀧川大地（青山学院大学陸上競技部コーチ）

森本浩之（有限会社スポーツモチベーション）
古谷有騎（同 上）

衣装協力
アディダス ジャパン株式会社
TEL 0120-810-654
（アディダスグループお客様窓口）

撮影協力
パナソニック株式会社

杉野沢観光協会

バンクスタジオ
TEL 03-3513-5466

青トレ 青学駅伝チームのスーパーストレッチ＆バランスボールトレーニング

第1刷 2016年11月30日

著 者 原 晋
中野ジェームズ修一
発行者 平野健一
発行所 株式会社徳間書店
〒105-8055 東京都港区芝大門2-2-1
電話 編集 03-5403-4344／販売 048-451-5960
振替 00140-0-44392
印刷・製本 図書印刷株式会社

ISBN978-4-19-864299-0